Intelligent Communication: Opportunities and Challenges

智能传播 第三辑

机遇与挑战

李本乾 吴 舫◎主编

上海交通大學出版社
SHANGHAI JIAO TONG UNIVERSITY PRESS

内容提要

本书为第五届上海交通大学-国际传播学会新媒体国际论坛的优秀论文选第三辑。

从工业3.0时代的自动化、大规模定制到工业4.0时代的全新智能化和个性化，智能传播在克服时空距离后进一步拉近文化距离，以创意生产、信息传播和内容服务为核心功能的传播在智能时代能够实现进一步的突破。本辑将结合产业实际，在全球范围内探讨智能时代新的技术经济范式下传媒产业和其他产业之间的联系，以及智能传播背景下新的业态可能与媒介演化的人性化趋势。

本书可供新媒体从业人员、传播学者参考、阅读。

图书在版编目(CIP)数据

智能传播：机遇与挑战.第三辑/李本乾，吴舫主编.—上海：上海交通大学出版社，2019

ISBN 978-7-313-21982-4

Ⅰ.①智… Ⅱ.①李…②吴… Ⅲ.①传播媒介-文集 Ⅳ.①G206.2-53

中国版本图书馆CIP数据核字(2019)第212136号

智能传播：机遇与挑战(第三辑)

主　　编：李本乾　吴　舫

出版发行：上海交通大学出版社　　地　　址：上海市番禺路951号

邮政编码：200030　　电　　话：021-64071208

印　　制：常熟市大宏印刷有限公司　　经　　销：全国新华书店

开　　本：787mm×1092mm　1/16　　印　　张：6.5

字　　数：135千字

版　　次：2019年10月第1版　　印　　次：2019年10月第1次印刷

书　　号：ISBN 978-7-313-21982-4

定　　价：48.00元

前　言

2018年，人工智能、大数据、云计算、物联网等新技术应用场景的突破催生了大量交叉型新业态，在不断拓展人类想象力边界的同时，也孕育了智能传播的新纪元。一面是数字化、信息化和智能化传媒产品与服务的全面爆发，一面是智能传播引发的传播秩序失范问题不断凸显。智能传播如何在推动当前产业形态向工业4.0过渡的同时实现人文关怀？又如何在数据、算法、机器流行的今天避免利益博弈的裹挟，坚守新闻品格？面对这些问题，上海交通大学媒体与传播学院联合国际传播学会（ICA）于2018年10月28日共同主办了以“智能传播：机遇与挑战”为主题的新媒体国际论坛。

从工业3.0时代的自动化、大规模定制到工业4.0时代的全新智能化和个性化，智能传播发挥着不容忽视的作用。那么，智能传播的效果究竟如何？在全球化语境下，智能传播克服时空距离后如何进一步拉近文化距离？以创意生产、信息传播和内容服务为核心功能的传播在智能时代能够实现怎样的突破？在本书中，《人工智能与算法革新中的文化内容生产与营销转型》《IP沉浸体验：主题乐园发展新路径》《中国网络文学作品的国际传播结构与智能版权》《基于社会化媒体的汽车社交设计》等文章结合产业实际，在全球范围内探讨了智能时代新的技术经济范式下传媒产业和其他产业之间的联系，以及智能传播背景下新的业态可能与媒介演化的人性化趋势。

现阶段人工智能技术及应用“瑕疵”，决定了包括算法新闻等在内的智能传播的“缺陷”。在未充分实现“智能化”的当下，机器自主决策引发了一系列传播秩序失范的现象。在此情况下，公众舆论和媒介效果呈现出怎样的新局面？各类不同事件对政治、社会、文化起到了怎样的解构和重构作用？政府又应当如何应对这一时代性的命题？《微博中“理想瘦”形象的接触对女大学生受众自我身体意象的影响研究》、“Voicing the Public Demand? Expression, Distribution and Interaction of Chinese Online News Comments on Sina and Sohu During the Tianjin Explosion Case”等文章从微观视角出发，通过实验法、案例分析等实证方法，分析社交平台在公众舆论中呈现出的新的传播特点和媒介效果，对前述问题给出回答。

本书为2018年新媒体国际论坛的优秀论文选第三辑。书中，学者们围绕“新媒体与全球化”“智媒时代的公共舆论和媒介效果”等两个主题对智能传播时代的机遇与挑战进行了探讨。智能传播以润物细无声的姿态渗透进我们所见所感所想的一切，全新的体验令人惊喜，却也同时提醒我们，在更为隐秘的地方势必正酝酿着一场新的风暴。在这机遇与挑战并存的当下，期望本书的出版，能作为中外学者在研究道路上的一点总结，启航智能传播的新未来。

目　录

新媒体与全球文化

人工智能与算法革新中的文化内容生产与营销转型[①]

王　茜[②]

【摘　要】 人工智能和数据技术正在进入出版业和文化内容生产行业的各个环节，新技术重构了文化内容生产、制作和传播的方式，也改变着传统内容出版业的业务模式和发展方式。本文结合案例分析了出版产业在内容生产与创新、读者调研、市场决策等方面受到人工智能、机器学习技术的影响，探讨数据驱动下出版业发展新趋势，并对产业转型之路提出了六个发展方向：内容出版向知识服务转型；出版流程向智能化转型；传统营销向大数据营销转型；业务驱动向数据驱动转型；传统内容编辑向数据开发型人才转型；数据生产向数据融合转型。发展与运用人工智能与大数据技术，是出版业提升传播力、竞争力和发展力的关键要素。

【关键词】 人工智能；数据驱动；算法革新；内容生产

在人工智能和大数据蓬勃发展的时代，人工智能技术正经历重大的转型与发展。在全球智能技术与数据挖掘技术双重浪潮的冲击下，出版业正在经历前所未有的挑战与变革。人工智能成为重要的产业风口，先行企业不仅获得了实际效益，也获得了突破性发展的机会。对内容生产与出版业而言，成功的转型需要把握好数字化及智能驱动的多个关键节点。

当下，人工智能和大数据技术正在渗透到内容生产与出版业的各个环节，颠覆和改变着人们的思维习惯和行为模式，在数字出版、智能服务、内容生产、行为营销等方面带来新的变革，指导着传统出版业向智能化方向发展转型。出版业正在从传统走向数字化、互联网化、数据化与智能化。这其中的转型之路，既面临各种机遇，也面临着多重挑战。

一、人工智能技术革新下的内容出版业发展新趋势

1. 人工智能重构出版产业

人工智能技术涵盖机器学习和深度学习两个方面。通过基于算法技术的内容分析，人

---

① 本文已在《科技与出版》2018年第12期发表，系上海哲社规划项目“健康传播框架下上海青少年控烟教育与行为改变的实证研究”(2017EXW003)阶段性研究成果。

② 上海交通大学媒体与传播学院副教授。

工智能可以帮助分析所有出版中和等待出版的文本、视频和音频，寻找到出版物之间的相似之处、风格的差异点和角色设定等。基于机器学习和大数据的内容分析，出版商可以深入了解读者在网络社群中的谈论内容，准确定位竞争对手，精准寻找作者，更好地利用现有的技术和工具进行智能出版。在机器学习技术的帮助下，通过智能图像识别系统，只需要对数据库里所有图书封面进行搜索，定义想要的参数，就可以借助图像系统来进行书籍搜索。

未来出版业利用机器学习，能够吸收大量数据，识别这些数据的意义。从网站上的聊天机器人到程序化广告，机器学习已经成为日常生活的重要组成部分，对于出版公司来说，他们可以开发新的系统，以处理图书策划、编辑、版权、广告、零售等领域的大数据。

出版产业正在被技术重新定义。在内容生产方面，人工智能能够完成资料分析、用户研究、重新创作等工作。在内容传播方面，人工智能能够进行大数据分析与整合、提供个性化推荐和内容定制。在内容消费方面，人工智能能够融合增强现实(AR)、虚拟现实(VR)技术进行出版内容再创作，并可融合全息投影、语音阅读、人工智能体验等技术，全面提升读者的阅读体验。

2. 基于行为数据与算法推荐的读者调研

对出版业来说，最终由数据驱动整个行业的转型。亚马逊和网飞(Netflix)网络商店已经广泛使用基于人工智能的自动推荐。这些推荐程序目前主要是基于关键字和元数据进行内容匹配，以及对“其他客户也购买了类似图书”进行算法比较后的个性化推荐。然而，这些基于关键词和元数据的推荐和预测本身就有一定的缺陷，其中很多关联性来自人为操作。另一种未来可以执行的方案是读者可以自行设置与阅读相关的参数，并运用强大的内容分析来创建适合他们的阅读列表。这一方法的缺点是需要对所有图书进行人工标记，因此非常耗时。对出版企业来说，需要更强大和更准确的算法推荐工具，帮助读者在浩瀚的图书中找到隐藏的“宝石”。

对出版企业来说，读者和受众的兴趣点一直是难以确定的。传统上，因为技术层面无法大规模并长期地追踪读者偏好，出版企业一般依据市场调研来选择会引起市场共鸣的作品。多年来，出版商利用图书俱乐部的资料以及焦点小组访谈的市场调研，为寻找读者兴趣点提供了洞察力和方向；但是，这些基于传统调查的数据并不足以科学地确定读者的阅读兴趣与偏好。

随着电子阅读器和在线阅读论坛的兴起，与阅读相关的行为数据将给出版企业带来契机，因为人们不仅会在线阅读，而且还会参与在线批评和讨论。作者与读者进行直接的沟通，这些行为数据都蕴藏着巨大的能量。对出版企业来说，通过数字化方式连接读者阅读设备和平台的数据，可以大规模地跟踪读者行为，进而帮助出版业中的各方做出更能迎合市场需要的决策。

3. 基于算法技术的内容生产与创作

机器人创作已在全球新闻业和出版业开展了关于内容生产的先行尝试。在传媒和出版行业，机器学习早已经被用在编辑和内容生产中。在2014年，美联社就利用自动化写作软件 WordSmith 完成了大量以数字分析为基础的数据新闻的写作，包括让机器人读取内容，并按照编辑提供好的框架去自动生成数据新闻。《纽约时报》的机器人写作程序可以在两方面协助新闻生产与出版：一是将数据整理成新闻，二是为智能手机用户推送即时新闻，自动发送大量最新的信息及预测。另外一个被多家媒体所使用的 Giiso 系统是基于大数据模块研究，依托智能语义、知识图谱两大核心技术，具有创作、编辑、审核、个性化推荐、智能追踪等功能的智能机器人，还可以提供个性化定制服务。《华尔街邮报》采用的 Heliograf 智能系统则是通过人工智能技术在短时间内编辑新闻信息和简讯，并在推特（Twitter）上进行自动发布；在进行系统升级以后，能用专业上更加接近编辑的评论语气和分析思路来写稿，作品也更加贴近人类的写作水平。

未来，机器学习技术可以编写任意风格的作品，使用代码进行写作，即可模仿任何一个知名作家的写作风格。2008 年小说 *True Love* 作为人工智能创作的出版物在俄罗斯得以公开出版，并试图模仿知名作家村上春树的写作风格。麻省理工学院（MIT）的一名教授编写程序进行小说创作并于 2013 年顺利出版。在日本，一本由人工智能算法撰写的小说一路过关斩将，进入了日本全国文学竞赛第二轮。2017 年，湛庐文化出版了微软小冰写作的诗集《阳光失了玻璃窗》，小冰对 519 位现代诗人的上千首诗学习（迭代）一万次，仅在 100 个小时内就获得了强大的现代诗创作能力。2017 年，数据驱动出版商 Inkitt 宣布与 Tor Books 公司合作发布由出版算法选出的第一部小说。这些都是人工智能在未来出版业的内容创作中巨大潜力和市场力的体现。

然而，人工智能技术可否复制人类的创作，是一个充满挑战性和争议性的议题。机器人或者人工智能系统并不能取代创作者和出版者，而是可以提升写作者的创作能力，改变编辑的工作重点，使他们从系统繁杂的工作中解放出来，转入对情感和人类更高层次精神的追求。或许在未来，人工智能并不会夺走人类的创作型工作，而只是解放了生产力；或许机器人化的内容创作会激发人们更多的想象力，激励人们写出更好的、更有创意的故事。

4. 基于数据驱动的市场决策

在过去的几百年里，传统出版业工作流程是建立在出版商和编辑过去的知识、经验和直觉的基础上，依托他们的经验进行分析和筛选，并寻找那些可能成为畅销书的书稿。这种完全依靠直觉和经验甚至是运气的模式即将被打破，很多知名畅销书（如《哈利・波特》《暮光之城》等）曾经被出版商拒绝了十几次才最终得以出版。未来，基于人工智能和数据驱动的出版模式，终将替代传统的选稿模式，为每个作者提供平等的出版机会。

同时，各类人工智能测量工具的兴起，使出版企业能够更深入地了解有关读者的详细信息，可以通过数据去识别哪种类型的读者会喜欢某种特定类型的出版内容，甚至能了解哪些读者会去搜索某些类型的新闻。基于这些已经存在的数据，出版企业可以准确预测市场的需求，做出正确的市场决策。

数据可以帮助出版商更好地策划内容。基于数据驱动的市场决策，将依据读者的反馈去识别不同出版社的类型、风格与主题偏好。读者的选择与偏好将决定未来的出版市场，一方面，出版商可以依赖数据做出决策，选择流程来跟踪读者的参与和反馈，通过跟踪和访问读者数据，出版商的市场决策将变得更加有效；另一方面，作者也有机会去了解他们的作品是否具备出版潜力。因此，使用已有读者的行为数据，并对市场进行智能化的准确预测，是未来出版业基于数据驱动的重要决策模式。

二、人工智能与数据驱动下出版业的转型之路

对于出版业而言，在人工智能与大数据浪潮的背景下，转型之路已是必然。如何利用大数据实现消费者需求驱动的图书营销，如何利用人工智能进行内容创作，如何利用数据挖掘推动读者行为数据的智能化，如何利用平台实现知识的可视化和获取智能化，都将是长期而富有挑战性的问题。如何适应新环境，利用新技术，突破原来的媒介形态与内容出版方式，是未来出版业转型的重要路径之一。

1. 内容出版向知识服务转型

在知识服务模式方面，出版商可以利用数据驱动和人工智能赋能，利用信息读取和抽取、知识融合等技术，建立不同领域的专业知识库，建构起多模态的专业知识图谱，实现知识服务的模式创新。例如，针对文献类、知识类、年鉴类的图书，可以利用人工智能平台汇集互联网资源，实现专业的知识分析，实现细分领域知识专题的快速构建与精细化展示，为不同专业的人士提供专业化的服务。对于词典类、条目类的文献，专业知识类出版社则可以开发新的知识体系平台，将复杂理论和文献条目化，整理和提取重要的知识点和关键词，例如，在词库类的数据库中，建立起以知识点为基础的语义模型，甚至可以提供语义检索、语句关联、引文比对、精准搜索、数据分析等知识服务项目，进而实现从内容出版向知识服务的转型。对学术出版商来说，利用机器学习技术可以通过测定一个人的概念理解力，为其量身定做具体的学习框架，从而为消费者提供更为精确的学习方式。

在数字化服务方面，出版公司可以利用自己的资源优势，将多种书籍、典籍、报刊资源等整合到服务平台中，直接为用户提供检索和阅读、学术热点分析、知识关联分析、数据挖掘分析等服务，构建知识图谱，建设数据分析平台，为读者提供从内容到分析的一站式服务，实现传统优质出版内容的数字化、知识化、智能化、平台化和产品化升级。

2. 出版流程向智能化转型

人工智能可以帮助出版业进行流程的智能化改造，比如在编辑、审查、校对、印制、发行这些仍然依赖大量人力投入的出版环节，可以用人工智能系统去取代重复性强以及创造性弱的流程。

以出版中的校对环节为例，借助于自然语言分析的汉语语法分析，结合语料库统计和对照等方式，出版业中的校对工作可以交给人工智能去处理。在中文作品的校对中，当下可以利用的人工智能技术包括：汉语切分、语法分析、依存关系分析等中文智能技术。基于覆盖社会科学与自然科学等领域的上千亿词条的汉语语料库、专业词汇库、错误核心库等进行智能化分析与校对，更加有效地提升生产力。

在出版编译领域，语言文字的生产和翻译曾经是机器学习的重要障碍，然而目前人工

智能翻译技术在世界范围内已经取得突破性进展。虽然文学类作品的翻译仍然面临巨大的挑战,但普通的翻译出版工作可以借助人工智能得以完成。

总之,实现出版流程的智能化与自动化处理,要求编辑不仅要学会数据分析技术,对出版内容展开快速分析与深度加工,还要学会从数据库信息源中提取标签、主题、关键字、文字特点与写作风格等结构化的数据,进行内容的创作与重构;需要将创造性劳动与机器服务结合起来;需要借助行为数据的分析发现有价值的内容;需要编辑跳出既有框架和思维逻辑,依托数据技术来呈现个性化和差异化的内容。

3. 传统营销向大数据营销转型

大数据和人工智能技术正在帮助出版业的营销模式从传统模式走向新零售模式。以图书销售为例,无人零售商店的兴起,可以帮助传统企业降低运营成本、提高经营效率。对出版业而言,无人零售书店会成为行业的发展新趋势。亚马逊旗下的 Amazon go 已经为无人零售书店提供了新的行业范本。亚马逊将实体书店定义为网络书店的实体化延伸,结合线上用户与线下资源,帮助读者寻找他们想要的书籍。实体店与网站的价格与折扣相同,只有在亚马逊网站获得四星以上的图书才能够在其实体书店上架和获得推荐。因此,对新零售行业来说,客户不仅可以在网上获得购买体验,也可以在实体店找到购买目标再进行网络下单;这些线上线下相结合手段,是新零售为图书出版和销售行业发展带来的契机。

对很多出版公司而言,它们可能已经获取了大量关于消费者和市场产品的信息,但这些数据非常庞杂,如何处理这些数据对它们来说成为新的挑战。这些数据化的信息可以告诉出版商消费者为什么买书,在什么时间、以何种方式买,是否读完了全书,同一主题下他们还想读哪些书。通过对这些行为大数据的分析,可以帮助出版公司在出版产品类型、销售和营销方式上做出更睿智的决策。

在产品销售方面,机器学习可以为读者推荐更好的图书;出版公司为了增加营收而挖掘再版书目时,机器学习系统也可以帮助它们更好地利用和厘清版权目录,使出版更加契合当前的市场趋势。

人工智能、大数据技术与互联网营销的深度结合将成为未来出版业发展的一个重点。出版业必须学会利用大数据进行营销分析,例如,通过大数据去分析挖掘行为数据,深刻了解新一代读者的需求,然后进行精准化定位,快速找到目标读者和人群。出版公司也可以基于新零售和消费者数据整合的平台,通过跨平台方式去分析读者的行为,针对不同性别、年龄、收入和受教育程度的读者制定不同的营销方案,进行精准化营销。

4. 业务驱动向数据驱动转型

目前出版业面临的危机在于缺乏基于大数据分析的决策,依赖经验开展业务与选题策划,无法实现产品与服务的全面数据化。借助大数据与人工智能技术,引导出版业从业务驱动转变为数据驱动,将是产业转型与升级的关键所在。

就出版行业来说,传统的选题策划工作依赖创意、选题会和编辑部的头脑风暴,并非完全理性,也不主要依赖数据分析。选题策划前编辑做选题方案的过程非常依赖经验,费时费脑,在信息的筛选上会顾此失彼,容易导致细节超越本质,忽略有用信息。

出版业的自动化转型需要依赖大数据与人工智能技术，人工智能可以为策划选题提供极大的帮助。人工智能在数据处理能力和速度上具有传统算法技术无法比拟的优势。因此，编辑通过人工智能的协助可以快速提取核心观点、提供创作思路、缩减创作时间。人工智能还可以根据分析结果给文章内容自动贴上标签，在流程中为个性化推荐和出版方向的选择提供全新参照。

在图书营销决策方面，出版商可以根据来自数据库的图书销售、阅读、转发、评论、引用和传播数据进行影响力分析，还可以进行可视化呈现与推荐。在内容分发方面，人工智能技术能使用基于大数据的智能系统和个性化推荐，直接对接目标读者。

出版机构在内容生产和运营中会产生和运用大量数据，如图书资料信息、作者个人介绍、图书销量、读者和专业人士评价、读者资料数据、用户行为信息等；通过对这些海量数据的挖掘，出版机构可以更好地进行选题决策。在选题策划方面，出版机构可以根据网络热点词汇传播图谱、结合情感分析等数据分析结果，对选题进行智能化选择。未来的出版选题策划的流程将结合编辑的思想，并与大数据相结合。互联网热点事件、人物和话题、社交网络传播放射图等对图书选题和热点的智能化分析与预测都会有所帮助。在算法与大数据的协同帮助下，编辑只需要设定自己的偏好与想法，将指令输入人工智能系统，即可通过海量数据的运算、筛选与匹配，产生符合编辑想法的策划方案。编辑的选题偏好将会与作者的资源相匹配，并迅速寻找到目标读者，人工智能甚至能提供基于读者群体规模的相关历史参考数据。

5. 传统内容编辑向数据开发型人才转型

在智媒时代，内容出版业的领导者和决策者需要用大数据思维来武装自己，利用大数据系统强大的数据处理功能，提升出版与编辑工作的针对性、准确性和高效性。转型期的出版业面临巨大的经营压力与业务挑战，既需要降低人力成本，又需要防止人才流失；既需要提高生产效能，又需要改变原有的人才结构。人工智能技术的发展，不仅可以提升生产效率，降低经营成本，还能够改变人才储备体系。

一方面，需要积极调整人才结构，实现从传统编辑创意型人才向数据开发型人才储备的转型；另一方面需要增加人工智能相关的操作岗位。在出版业中，人工智能系统可以代替人工，更加准确与高效地完成自动化和计算机处理的工作。出版社中的校对、排版、销售等人员的需求量会降低，而出版公司对创新型、数据型人才的需求会有所增加，以从事数据管理、平台开发和数据分析等活动。

6. 数据生产向数据融合转型

在企业转型期，大数据的生产与数据融合正发挥着不可忽视的作用。大数据提供了一种全新的信息服务技术链，是新时代传统出版业运营模式转型升级，技术融合发展的重要支撑点。未来，需要推动出版业与大数据的深度融合，推动出版业向数字化和数据化两个方向深度转型，增强数字版权保护意识，加强个人隐私保护力度，增强出版资源的数据自我保护能力，从出版方式与流程、出版产品与服务、出版消费与模式、出版数据与共享等多方位进行改革与转型。

大数据时代的资源开放性、智能化时代的交互性正在对传统出版业产生深刻的影响，数据生产与储存是出版系统商业活动的核心资源。在融媒体环境下如何发展与运用大数据技术是出版业提升传播竞争力的核心环节。出版企业可以生产和使用的数据类型包含用户数据、内容数据、市场数据、交互数据等多种形态。对于出版业而言，如何建设内容数据，提升数据运营能力，如何开发专业大数据知识服务平台，如何实现数据融合是转型的关键。数据产业的融合生产和创新使用，将为出版企业的客户提供更高质、高效和高产的服务。

当然，从宏观角度来说，人工智能和大数据对出版行业的重要作用不仅体现在数据生产上，还体现在企业赋能、企业服务升级和企业价值重构上。出版业与大数据平台、人工智能技术、物联网等多平台开展跨平台的融合，将会给出版业带来新的转机，比如实现内容生产、服务流程和传播模式的转型与升级。因此，出版企业要实现从数据生产向数据融合平台的转型，整合资源，合理开发企业数据、政府数据、消费者数据、出版产品数据、行业数据、零售终端数据等，实现大数据多平台化的融合。在融媒体平台上，企业还可以将多种形态、多种载体、多种来源的出版数据实现技术融合，更高效地进行数据采集、知识计算、模型建构以及数据服务，提高出版业的总体效能。

三、结语

当然，对待大数据和人工智能技术，我们既要满怀信心，又要怀着理性和批判的思维。对于出版业而言，技术的发展依然会带来新的挑战，比如数字时代的知识产权保护，人工智能内容生产的知识产权归属，大数据带来的用户数据泄露与隐私保护等问题，这些仍然是新技术时代我们将要面临的一些困局与挑战，也是智能媒介时代对出版业提出的新课题。

新技术和新理念正改变着出版业从内容生产、制作到传播的整个流程，也改变着传统出版业的出版模式和发展方向。在企业全面进行升级的时代，出版业需要寻求变革之道，找到适合自身特色的融合发展途径，并积极迎接未来的机遇和挑战。在媒介领域，技术秀场终将回归到技术理性；以技术为核心、需求为导向的生产驱动模式将成为提高出版业生产效率的关键。顺应新技术的发展趋势，实现创新型应用，是未来出版行业转型的关键，也是推动我国出版文化产业蓬勃发展的重要力量。

IP 沉浸体验：主题乐园发展新路径[①]

王　蕾[②]　张　林[③]　石天旭[④]

【摘　要】 主题乐园是城市公共文化空间的重要组成部分，也是国家文化旅游事业发展的重要环节。主题乐园在数量急剧增长的同时，也逐渐涌现了概念不清、盲目建设、模仿抄袭、低水平重复等问题。在以“沉浸传播”“体验经济”为标识的第三媒介时代，如何使主题公园的发展在技术与文明、传统与现代、商业文化与民俗文化、城市与乡村等关系中建立平衡稳固的持续发展远景，业界和学界群策群力需要深入研究主题公园创意文化 IP。这对于进一步改善主题公园的消费结构、重构城市公共空间、提高居民文化娱乐层次等方面都是有所助益的。本文围绕 IP 沉浸体验促进主题乐园可持续发展的议题，从国内主题乐园 IP 发展和研究现状、主题公园 IP 存在的问题以及开展“沉浸体验 IP”的创意思维三方面展开相应的论述。

【关键词】 沉浸传播；体验经济；主题乐园；创意 IP；故事叙述

主题乐园是城市公共文化空间的重要组成部分。国家“十三五”规划提出“大力发展旅游业，支持发展生态旅游、文化旅游、休闲旅游、山地旅游等”，主题公园是文化旅游事业发展的重要环节。目前国内约有 300 家投资在 5 000 万元以上的主题乐园[1]，英国欧睿信息咨询公司和世界旅游交易会发布的数字显示：2020 年，中国主题公园门票收入预计将增长到 120 亿美元。主题乐园如雨后春笋般逐年递增，在促进文旅事业的同时也日益呈现一些亟待解决的问题，2018 年 4 月份，国家发展改革委等五部委发布了《关于规范主题公园建设发展的指导意见》，指出近来主题公园建设发展中出现的概念不清、盲目建设、模仿抄袭、低水平重复等问题。所以，如何推动主题乐园的可持续性发展，有效促进文化和科技的融合，使主题公园的发展契合城市化、科技化和全球化三大发展趋势，这些都是政府部门、企业界

---

① 本文由中国传媒大学双一流拔尖科研人才项目“城市环境情景化、游戏化以及传播效能研究”（项目编号：CUC18QB30）、北京人文社科项目“基于生态文明建设中的中国环境传播研究”（项目编号：16XCB004）、中国传媒大学校级文科科研培育项目“地域性文化形象重构视角下光环境设计的意象提取和创意表达研究”（项目编号：CUC16B15）、“地域性文化形象重构视角下的城市光环境设计”（项目编号：CUC15B04）资助。

② 中国传媒大学互联网信息研究院助理研究员。

③ 中国传媒大学艺术学部环境设计系教授。

④ 万达文化旅游规划研究院研究人员。

和学界共同揣摩和思考的重要议题。比如近些年，万达文化旅游研究院致力于主题乐园产品的开发升级，特别是大力研发适合主题乐园持续性发展的创意 IP 研究，此项研究与国家推崇的建设创新创意的文化产业理念以及发展“全域旅游”的战略目标是相吻合的。

在以“沉浸传播”“体验经济”为标识的第三媒介时代，如何使主题公园的发展在技术与文明、传统与现代、商业文化与民俗文化、城市与乡村等关系中建立平衡稳固的持续发展远景，业界和学界群策群力需要深入研究主题公园创意文化 IP。这对进一步改善主题公园的消费结构、重构城市公共空间、提高居民文化娱乐层次等方面都是有所助益的。本文围绕 IP 沉浸体验促进主题乐园可持续发展的议题，从国内主题乐园 IP 发展和研究现状、主题公园 IP 存在的问题以及开展“沉浸体验 IP”的创意思维三方面展开相应的论述。

一、主题公园 IP 的发展现状

公园或乐园（parks）被视为分析社会和空间之间关系的重要维度。主题乐园（theme parks）或主题公园，是一种包括乘骑、游戏、表演、影院、展览等项目的闭环空间；主题乐园与游乐园（amusement parks）的不同之处在于前者具备一个或多个能指引游客进入该场所的核心主题[2]。IP（intellectual property），狭义上可以理解为“知识产权”，是围绕内容、口碑、粉丝、流量、亚文化而打造的系列产品模式。在主题公园行业，IP 主要是指主题公园自身的形象，包括主题公园内的设计、音乐、服务等[3]。随着技术社会环境的不断革新，有越来越多的声音开始支持广义上的“大 IP”概念，“大 IP”是具有高度复杂性的综合性 IP，具备全产业链整合能力[4]，意味着一个 IP 的诞生能打通产品核心和周边领域，围绕主题连接小说、动漫、游戏、影视、音乐、玩具等产业，形成多平台共同叙事的业态氛围。国外“主题公园＋IP”模式早已成熟，无论是迪士尼乐园中的米老鼠和唐老鸭，还是环球影城中众多好莱坞影视经典形象以及哈利·波特系列书籍和电影中深入人心的霍格沃兹城堡，西方主题乐园发展的路径在最初几乎均建立在业已成熟的影视人物和文学故事 IP 之上，并且这些 IP 伴随着全球资本主义的迅猛扩张之势遍布世界各地。相较于西方国家，我国主题公园起步较晚，从 1989 年深圳第一家主题公园“锦绣公园”开业以来，中国主题公园仅有不到 30 年的发展历史，全国共有约 2 500 座园区相继落地开花，大致经历了“游乐园＋影视表演”“科技特色＋动漫卡通”以及“国外公园驻入＋多元化发展 IP”三个主要阶段，主题公园在这三个时期的建设虽在成长模式上各有特点和侧重，但也在相互交融和相互渗透。可以看出，技术和资本已经不是本土主题公园兴衰与否的决定因素，如何打造和更新能承载好的文化和价值观的 IP 才是主题公园实现可持续发展的关键。

总体来看，近几年国内主题公园 IP 的发展状况可以归纳为三方面特征：①国外大 IP 仍占据大片市场份额，国内原创 IP 伴随技术和服务的提高仍处于初级发展阶段。大多数本土主题公园都会有原创 IP，一般来源于电影、动画、综艺、真人秀等热门媒体节目。但据人民网舆情监测室旅游大数据中心发布的“2017 年度中国主题公园品牌影响力排行榜（TOP50）”显示，上海迪士尼乐园拔得头筹，成为游客心中最期待、媒体传播量最大的主题公园[5]。可见,国外资本集团所建构的文化IP仍在全球范围内有着根深蒂固的影响力,譬如迪士尼在巩固原创文学和影视IP的基础上,还不断收购皮克斯、漫威、二十世纪福克斯等IP大户,构建内生与外延并重的IP矩阵,而诸如华强方特、长隆、华侨城、万达等大型本土主题公园项目也都在设备、管理和服务的基础上,积极地孵化贴近地域文化且满足市场需求的原创IP,比如:华强方特积极将《熊出没》IP元素植入方特系列主题乐园中;海昌海洋公园推出电影《海洋之光——珍珠保卫战》[6],使其主题IP更富内涵和意义;万达主题乐园也在市场上投放了与其乐园原创IP人物相应的周边衍生产品。值得注意的是,尽管我国部分主题公园在形塑自身IP的过程中已经有许多创新举措,但相较迪士尼、环球影城等世界范围内成功IP的塑造,国内主题公园的原创IP在如何不沦为固化呆板的"吉祥物",如何有效促进游客沉浸体验和参与叙事等方面还需进一步深入研究。②国内主题公园IP构建已经实现了"向外购买"到"自主研发"的路径转型,但本土原创IP的可持续性发展特征不够显著。国内大资本曾经联合购买西方成功的文化IP与其乐园进行绑定,但购买的IP缺乏一定的稳定性,也不能很好地进行本土文化融合和转化。IP可持续性发展对于提高重复入园率和塑造地域公园文化有着重要的推动作用,目前大多本土主题乐园品牌仍以突出资本品牌为主,如国内大型主题乐园"华侨城""海昌""宋城""方特""万达"的发展大多以地产开发起步,资金回笼过程中仍主要突出各自集团理念,而符合大众文化趣味且不断满足时代需求的IP品牌建构还需深耕。③本土主题公园大多先以旅游景区为主营业务带动现金流,再通过自身创作或外延收购IP,最后完成"内容创作与授权—线上线下渠道平台—衍生消费"的泛文化链打造[7]。除了像迪士尼、环球影视那样的大型主题乐园入驻外,本土金融资本也在寻觅国外强势IP合作,如:世界首个探索极限主题公园 Discovery Adventure Park 在山灵水秀的莫干山落成,将 Discovery 世界知名IP的"体验、探索、挑战、发现"价值理念和本土资本对"生态旅游、户外运动、科普教育"的产品创意很好地融合在一起。但不容忽视的是,我国自有主题公园IP的构建还未形成全生态的系统工程,其IP文化附加值偏低,大多文化主题不够鲜明,同质化程度较高,业界已经认识到这一点并已经着手研究相应的对策。有些主题公园开始思考"品牌符号—核心价值—核心IP—关联IP"四个层次整合并传播自主IP,进一步夯实IP的内涵与品牌价值,还有一些乐园开始打造"创、研、产、销"一体化的文化科技产业链,利用IP品牌来开启工程、建筑、景观、管理和服务等多维一体的驱动模式。

二、主题公园IP的现有问题

自20世纪八九十年代成长起来的国内大多数主题公园,历经了坎坷和激荡的发展,在门庭若市的热潮之后也存在着经营惨淡的发展现状。据前瞻产业研究院发布的报告显示,中国主题公园目前有70%处于亏损状态,真正盈利的只有10%[8]。比较国内外主题公园的发展历史和现状,从学理和实践双重角度进行深度探索,瞄准症结并找到相应的破局之道是促进我国主题公园可持续发展的关键。

目前许多国内主题乐园仍采取四处寻觅热门 IP 从而实现跨界合作的发展模式，存在三方面潜在问题：①狭隘地理解 IP 本身的含义。IP 其实是一个近似产业链的存在，大致可以分为上游和下游，前者是无形的知识产权，而后者则包括我们看到的各种形态的商品，可以理解为“大 IP”或“IP＋”。比如：迪士尼将电影和动漫中经典形象打造成公园 IP；日本熊本县将在网络上火爆的熊本熊形象打造成整个地域的 IP，给该县创造了近 76 亿日元的市场价值。IP 绝不仅局限于人物形象设计，它具有整体性和系统性，关乎整个园区的视觉和谐的同一性以及整个企业的文化理念；IP 也不能简单地模仿拷贝，并不是所有外来和本土文化都可以转化为 IP 以及转化为主题公园的体验，塑造一个 IP 形象一定要做好前期充分的市场调研。②热门并不意味经典，文化 IP 的选择一定要与大众的文化需求相匹配，正如迪士尼乐园所用的白雪公主、美人鱼都是非原创却人尽皆知的人物形象，因为其文化构成有一定历史空间积累基础。美国和日本是 IP 输出大国，美国 IP 蕴含关乎爱情、友情、正义和亲情的价值理念，这与美国一直在世界文化所占据的主导地位息息相关；日本 IP 一般具有萌派和治愈系风格，这与日本绝大多数年轻受众的高压生活境况有直接的关联。而一味捆绑国外经典 IP，会影响我国传统文化的继承和发扬光大，盲目选择当下热门文学和影视 IP 打造文化主题，会让其主题深度挖掘和长久发展受限。③IP 内容创作和投放应用两方面相辅相成，如何将文化 IP 转化为更好的顾客体验是主题乐园可持续发展的重中之重。主题公园的成功与强大的 IP 内容创造密切相关，但光有内容却没有落地转化的创新理念和技术思维，这样的 IP 也不会在市场上占有一席之地。试想如果环球影城仅是僵化地将哈利·波特在园内做成雕塑和玩具，还会每年吸引上亿游客蜂拥而至前来观赏游玩吗？所以，IP 的投入运用需要考虑系统统、整一性。

三、主题公园 IP 的发展对策

为了改变主题乐园同质化、文化支撑孱弱以及互动体验项目缺乏的现状，研究营造具有“沉浸体验”的创意性 IP，不失为符合社会媒体生态环境变迁和满足游客身心需求的有效途径。沉浸体验 IP 的构建是与当前社会和媒体生态环境相关的。美国学者马克·波斯特(Mark Poster)曾将以单向传播为主的时代称为“第一媒介时代”，将随着网络信息技术崛起以双向传播为主要特征的时代称为“第二媒介时代”，而在以沉浸传播(immersive communication)为导向的“第三媒介时代”，正如保罗·莱文森(Paul Levinson)等学者强调的，媒介更趋于人性化，人、媒介、环境融为一体，人类的过去、现在、将来融为一体，虚拟世界和现实世界融为一体，契合了“泛在传播”(ubiquitous communication)的媒介发展趋势。沉浸体验(flow experience)，也叫沉醉感，米哈里·契克森米哈赖(Mihaly Csikszentmihaly)教授[9]将其定义为个体将精力全部投注在某种活动中以至于无视外物的存在，甚至达到忘我境界的一种状态。契克森米哈赖提出沉浸体验包括九个维度：清晰的目标、自觉的体验、挑战与技能的平衡、潜在的控制感、对任务的专注、明确的反馈、行动和意识的融合、时间感的扭曲、自我意识的失去。此部分依据沉浸体验理论和主题乐园当前实践，从挖掘中华传统文化、打造光影互动沉浸体验以及故事叙述促进消费升级三个方面深入分析构建“沉浸体验 IP”的创新性思维。

1. 深度挖掘中国传统文化

习近平总书记在党的十九大报告中强调：“文化是一个国家、一个民族的灵魂。”“文化自信”作为党和国家重要的文化工作战略思想引导各项工作的部署和实施。2018 年“两会”之后，文化和旅游部的成立，昭示着文化旅游产业发展新时期的到来，主题公园对传统、本土文化的创新性演绎，打破时间与空间的区隔，成为城市的“魂魄”并对文化的“标识”有着显著性的作用。在本土区域内有效搭建传统文化沟通互动平台是实现文化自信的首要步骤，但怎样对外传播中华璀璨文明，怎样讲好中国传统故事以及怎样实现世界范围内的文化沟通融合也应纳入诸如主题乐园这样大型城市规划建设的考虑范畴之中。

主题乐园本身就是一种文化创意。媒体信息科技不断迭代更新，全球化和全球本土化进程的逐渐加快，全球贸易壁垒的日益消解，赋予了中西方文化相互对话和互融的良好契机。西方诸如“跨媒体叙事”（transmedia storytelling）、“互文性”（intertextuality）、“类型化”（typification）、“惯习”（habit）、“文化资本”（cultural capital）等文化故事叙述的理念可以拿来进行情境化和本土化解读分析，但粗制滥造地全盘模仿西方文化产品创造的理念和流程对于有效地进行本土文化的对外传播是有所阻碍的。比如，南怀瑾先生在《南怀瑾与彼得・圣吉》一书中认为《西游记》不仅是中国的神话故事，还蕴藏了印度、中国“天人合一”的宗教理念，孙悟空取经路上的每一次降魔除障均是对社会人生的解读和顿悟。2001 年美国全国广播公司（NBC）制作的“*The Monkey King*”（《猴王》），却讲述了悟空拯救世界且与观音展开生死之恋的故事[10]。近两年，我国批准通过了 23 部西游记题材的电影，依托这一强势 IP 建造了 50 多个西游记宫，但其发展并不是很乐观。可见，如何在城市公共空间设计中捍卫和保护中华传统文化，自主研发贴近原著古籍又能有效地被中西方受众合理解读的文娱产品是需要进一步挖掘和探索的领域。在形塑主题公园 IP 的过程中，不仅要最大限度地植根于民族文化，还需切实考虑文化接轨共融和受众理解感知力等方面的问题。

在开发打造主题乐园独有 IP 产品的过程中，需要时刻以塑造和构建有传统文化文艺内涵底蕴且能在文学创作、生态文明和对外传播等方面可持续发展的 IP 产品为宗旨，不因短期市场获利而破坏主题乐园长远的健康成长空间。系统有效地打造能够给游客带来沉浸体验的乐园 IP 产品，在创作中或许可以批判性地借鉴西方故事叙述和传播的理论和方法，但故事内容仍需结合本地本区域文化精粹。“沉浸”是需结合受众过往认知和文化体验的，IP 的重心是激起与受众的情感共鸣，而新时代的大多数受众的文娱需求有了更多的文化属性，本土传统文艺故事其实是契合这一传播互动需要的最佳原材料；而在“体验”的营造过程中可以有效地汲取世界技术工艺和科技文明，既能合理烘托出地域文化的精华，也能和全球传播理念进行无缝对接，以此锻造“文化内容本土化、呈现方式全球化”的主题乐园 IP 长久发展路径。

2. 人性互动的空间沉浸体验

如果用文化自信的理念开展本土化的文化创意营造，那么科技创新力量的巩固就应该是创意经济时代的核心,文化与科技的相互融合不仅有助于传统文化在新时代的创新创意性表达展现,而且有利于增添行业亮点和满足人们的参与体验和精神需求。主题乐园的发展早已告别了以往巡游和剧场演出的商业模式,可以说是文化产品、人性化服务、动漫动画、光声色高科技等多项产业的集成。无论是技术决定论还是社会决定论或是技术社会互动论,都承认技术对社会的巨大影响[11]。日本新媒体艺术家猪子寿之领衔的 Team Lab 数字媒体艺术创新团队近年来推出一系列基于虚拟现实、交互装置和数字引擎动画的展映,利用云计算、智能终端、立体呈现技术以及新媒体互动装置,将数码艺术展现在真实的空间内。《增强现实与虚拟现实》一书中论述主题乐园与游乐园之间未来的较量就是看谁能有效运用 AR、VR 之类的智能技术;据前瞻产业研究院报告,到 2020 年,VR 在主题公园的应用预计占据其 10%左右的市场份额。在智能信息技术刚兴起之时,某些主题乐园空间骑乘(spatial ride)项目中推广现场 VR 交互技术,其做法是让游客头戴 VR 头盔(headsets)在密闭空间中进行场景沉浸体验,但对于游客而言较为不便,游客获得的大多是观景体验而非参与互动。近两年的主题乐园乘骑项目的做法是运用全息投影技术、特种影片矫正技术、灯光可视化技术以及充分结合巨幕媒体,给主题游乐空间中的人们全场景的真实体验。媒介形态正在逐步突破传统"空间"范畴,在视觉感觉上给受众营造"超现实""超时空"的沉浸性体验场域,这与保罗·莱文森(Paul Levinson)提出媒介演进的人性化趋势是相契合的。

沉浸媒介以"人本位"为主,一切皆为媒介的形态;而浸没在空间中的个体也告别了其"单向度的人"的身份,正日益向"积极的参与者"转变。高尖科技的革命性发展在不久的将来让机器不仅仅是我们身体的延伸,而确确实实成为我们身体的一部分[12]。可见,塑造沉浸体验的空间需突出人的主体地位,切实体现空间与个体之间的交互对话特性,实实在在地落实"互动"的本体内涵。当沃尔特·迪士尼在阿纳海姆打造迪士尼主题乐园之时,他和团队期盼着能建造一个"充满魔力和梦幻的空间",让置身于此的人们能够重拾人类的本真。但随着迪士尼在全球范围内的大量扩张,媒体信息技术和主题故事的无差异复制,使得越来越多的学界和业界人士开始质疑其"迪士尼化"(Disneyfication)、"美国化"(Americanization)和"消费主义"(consumerism)。忽略不同地域中人们的文化需求和心理需求体验的空间谈不上创意,更与社会和媒介生态的发展异步,而人性化甚至用户制的空间创意是与全球本地化(glocalization)的趋向相融的,因为"全球本地化"过程不仅仅是"自上而下",更是"自下而上"的(其中对每种全球模式的采用都涉及不同程度的适应和修正)。

3. 故事叙述促进消费升级

主题公园的最大特点是公园内游乐的内容与形式都围绕既定主题来营造。国内主题公园发展困难主要与"媒体技术充足,故事叙述滞后"的现状有关。思考如何运用故事性叙述(story narratives)有效串接各种数字媒体设备,营造融合娱乐、教育、消费等多种功能于一体的具有互文意义的跨媒体主题空间是促进主题乐园可持续发展的重要环节。技术的蓬勃发展确实能给受众带来促进交互体验的时空幻象,但是烦冗高科技的叠加也可能造成区域同质性和文化体验的浅薄性,而浅薄的玩乐在市民教育层次不断提高、全球化互动传播的现代大都市,已经逐渐不能满足游客的心理娱乐需求。"娱乐性教育"已经成为主题公园发展的新方向,不仅从人造景观群中获得身心愉悦的享受,而且还要了解人类与自然共同创造的历史和文化。

这也就是说,围绕主题公园IP展开的故事创作和故事叙述应该是符合时代需求和当代消费者族群体验习惯的,故事叙述不能仅停留在单方面讲故事环节,还应极大可能地将游客或受众作为故事角色融入创作中,使其体验能浸入更多的能动性和参与性。对于出生就被各种多媒体信息技术平台环绕的"数字原住民"(digital native)或"网络族群"(net generation)而言,他们是媒体社会生态变迁至新时代的"数字公民"(digital citizens)和"技术能者"(tech-savvy),多元性、多样性的文娱信息接受方式是促进他们不断参与、学习和消费的驱动器。虽然目前的数字媒体技术还不能达到诸如电影《头号玩家》中超越虚拟和现实世界的且让全民痴迷的"绿洲"游戏空间那般沉浸奇幻,但在现有的VR、AR,以及"混合现实"MR(mixed reality)等现有智能媒体技术的支持下,基于本土文化习俗的故事叙述能综合各种酷炫信息科技,在促进受众的感官沉浸体验的同时也吸引其主动参与主题故事的互动和传播,从而达到物质和文化消费的目的,将消费者转化为粉丝游客,提高顾客重复入园率,也为城市地域文化品牌的塑造增添力量。

真实的沉浸感,一定是以受众的主动参与为基础的。在主题空间中的故事叙述不应止步于向观众传递故事信息,而应更多地让观众主动地挖掘故事本身。跨媒体故事叙事对于增强受众参与的沉浸感以及更好地烘托消费文化是有所助益的。美国著名传播学者亨利·詹金斯(Henry Jenkins)在《融合文化：新媒体和旧媒体的冲突地带》(*Convergence Culture where old and new media collide*)一书中指出:"设计一个小说情境的过程是集合不同故事并使其融合共通的动态过程,而故事空间的建构与消费文化密切相关。"比如：近两年迪士尼乐园的内容IP引入了"银河护卫队"和"潘多拉：阿凡达世界"两个项目,这两个项目均是利用电影IP来吸引游客,再通过主题公园来讲述一个电影的"衍生"故事,让游客在观影体验之上再度得到现实世界中的沉浸体验。又如万达文化旅游规划研究院早在2013年就推出了一系列沉浸式体验的大型室内节目,从观影体验、氛围模拟等维度给观众带来沉浸式体验。随着万达主题乐园的产品升级,演出设备和节目质量有了大幅提升,但是为了增加节目的完整性和沉浸感,自主IP的研发势在必行。万达已经不断创新研发一系列IP人物形象。此外,不同媒体平台间的互文性连接(intertextual links)对于主题空间场景中受众对于主题故事理解力和情景带入感的提升是有一定帮助的。万达文旅院所研发的主题乐园IP是多业态、多领域的,在乐园IP诞生的前后会陆续在绘本、动画片、表情包等时下流行的社交语境中增添其文本互文性,为增强游客多维多元体验构建情景化空间,也为进一步培育契合地域特征的消费文化创造了更多的可能性。

四、结语

作为城市公共空间中的重要文化娱乐场域,主题乐园应在加强自身创新创意发展的同时,注重思考全球化与全球本土化、传统文化与智能科技、行为与空间、商业消费与文化传播等方面的互动关系。"沉浸体验 IP"的打造是时代和技术双重驱动作用下的理念和实践发展新趋势，它的成功与否不仅取决于主题乐园项目执行者本身的体量和能力，也与整个社会和媒体生态发展密切相关。

参考文献

[1] 刘宝亮. 九成主题公园不盈利：缺文化？缺故事？[N]. 中国经济导报，2018-05-23(03).

[2] Lukas S A. The Immersive Worlds Handbook: Designing Theme Parks and Consumer Spaces [M]. Focal Press, 2012.

[3] 田恩铭. IP 在主题公园的开发与运用[EB/OL]. (2017-11-03). [2018-01-27]. http://www.sohu.com/a/202114780_716887.

[4] 佚名. IP 植入主题公园，真的能带来亿万级消费？[EB/OL]. (2018-01-02). [2018-01-29] http://www.sohu.com/a/214133971_703122.

[5] 柏亚辉. "IP 慌"成中国主题公园扩张"后遗症"[EB/OL]. (2017-12-27). [2018-02-23]. yuqing.people.com.cn/n1/2017/1227/c354318-29731949.html.

[6] 佚名. 主题公园 IP 时代到来，中国将成全球最大市场[EB/OL]. (2018-08-31). [2018-09-02]. https://baijiahao.baidu.com/s?id=1610281020745663890&wfr=spider&for=pc.

[7] 朱茜. 十张图让你看清主题行业发展趋势，轻资产、重 IP、高科技将引领行业发展[EB/OL]. (2018-05-15). [2018-06-23]. https://www.qianzhan.com/analyst/detail/220/180515-3e107abc.html.

[8] 陈小兵，叶乃馨，封寿炎. 文化产业 IP 助力打造主题公园品牌[J]. 南方企业家，2017(12): 89-91.

[9] Csikszentmihaiyi M. Beyond Boredom and Anxiety: The Experience of Play in Work and Games [M]. CA: Jossey-Bas, 1975.

[10] 佚名. 外国人怎样看我们的名著《西游记》[EB/OL]. (2018-03-05). [2018-04-02]. http://cul.qq.com/a/20180305/004424.html.

[11] 殷航. 解构和重构：主题公园的文化迷失与数字传播[J]. 江汉大学学报(社会科学版)，2017(2): 104-127.

[12] 牟怡. 传播的进化——人工智能将如何重塑人类的交流[M]. 北京：清华大学出版社，2017.

中国网络文学作品的国际传播结构与智能版权

罗　丹[①]

【摘　要】 网络文学作品作为网络出版物的一种，通过各大网络平台传播，受到读者的广泛喜爱，成为中国新的文化符号，与日本动漫、韩国电视剧、美国大片并称为“世界文化四大奇观”。本文基于国家版权局的2011—2016年版权进出口情况统计数据，借助UCINET软件，以社会网络分析法分析中国网络文学作品出口结构与中心化趋势。分析结果显示，中国作为重要的文化传播中心，其中心体的地位并不稳固，以中国为中心的汉文化圈并未成功铺张开，中国电子出版物的中心体地位受限于版权保护与开发。根据量化分析，探讨限制中国网络文学作品传播的原因，提出以区块链、智能合约方式保护版权，打造网络文学创作的生态空间，助力中国网络文学出版物等文化产品的国际化传播。

【关键词】 网络文学作品；区块链；版权；传播；WuXiaWorld

一、文献综述

王国维曾说：“凡一代有一代之文学。楚之骚、汉之赋、六代之骈语、唐之诗、宋之词、元之曲，皆所谓‘一代之文学’，而后世莫能继焉者也。”网络文学，是互联网时代所出现的文学界“大地震”，是“二十世纪中国文学主流”之一[1]。网络文学最开始是源于国外求学的学子对故土的思念与对文化的渴求与归属感，具有理工科背景的留学生借助互联网创立了网络文学网站，将国内的文学作品通过链接的方式搬运到互联网上，实现网络文学跨地域、跨国界的共享和传播，让中国文化在世界各地百花齐放，并对网络文学作品进行讨论，衍生出同人作品。Internet无限延伸的虚拟世界打破了时间与空间的限制，实现文化的跨地域、跨国界传播，给了海外华人无限的创作自由和空间。这是全球华文阅读的开端，成为海外华裔与世界各国了解中国文化的渠道。

1998年，首部中文网络长篇小说《第一次的亲密接触》开始上线连载；1997年底，我国

① 上海交通大学媒体与传播学院硕士研究生。

第一个大型原创文学网站“榕树下”正式运营并形成广泛影响。网络文学开始兴起，网络文学1.0时代开启。2015年，由腾讯文学与盛大文学整合而成的阅文集团诞生，将内容生产与数字技术相互融合，形成强大的内容品牌矩阵，实现从内容输出到文化输出的跨越，中国网络文学作品全面“出海”；截至2018年9月，阅文集团已向全球多地授权数字出版和实体图书出版，涉及7种语言，授权作品多达300余部，囊括13种门类，吸引访问用户1 300万①。网络文学是在艺术与市场、人文与科技之间的探索，踩着自己独特的平衡点，从草根文化演变为大众文化，获得市场与受众的认可。版权是网络文学作为电子出版物的根本核心，也是网络文学作品进行传播的重要保障。

我国对网络文学的研究始于1999年，在2012年时达到最热，目前知网有以“网络文学”为题的相关论文共4 996篇。随着研究的不断深入，“网络文学”研究热点不断拓展，有网络文学与传统文学之间的对比与竞争，网络时代文学作品的创作，文学网站的商业模式，以及网络文学所涉及的版权问题等多个研究热点。

欧阳友权教授是国内最早关注网络文学的学者，在2003年出版的《网络文学论纲》中第一次从学理层次对网络文学进行系统化的研究，对网络文学这一现象进行了理论建构，从技术和艺术、自由和经典之间的关系寻找网络文学的文化定位。他认为我们处在一个数字化时代，互联网的出现、媒体的改变、传统文学式微与人文价值的解构成为网络文学崛起的契机；网络文学的数字化传播的“祛魅”模式，消解中心的边缘化态势，追求平面化的无深度游戏，具有强烈的后现代主义特征[2]。同时，欧阳有权教授认为网络文学创作的完全自由化造成了作者创作责任的缺席，网络是文学的狂欢，是一次文化创作的转型，其大众化特点、作品发表的无限性，让话语权重新回到大众的手里。周志雄学者在梳理20世纪中国文学主流的过程中也注意到了处于文化转型时期这一独特的文学形式，认为网络文学是大文化环境的产物，强化了文学的认识功能，注重世俗的现实生活，是具有时代特色与个人精神投射的新兴创意作品，是青年以网络文学的形式，自我发声的过程[3]。由此，网络文学作品作为年轻人青春的见证，成为感性解放与叙事的独特表达形式，在年轻人群体中形成共鸣。这种共鸣是同样处在时代转型、信息时代发展的年轻人所共同拥有的元素，由此跨越了实践、空间、民族、国别等差异，形成新的文化浪潮。

二、网络文学海外传播问题分析

在互联网快速发展的今天，网络文学逐渐打破国别与语言限制，成为与“日本动漫”“韩国电视剧”“美国大片”齐名的“世界四大文化奇观”。2017年是网络文学发展最具里程碑意义的一年，网络文学网站进入新的发展时期。但是网络文学的商业化本性，与网络文学市场的不断拓展，导致网络文学在传播过程中缺少必要的知识产权保护。但是过度的知识产权保护同样也是网络文学作品广泛传播的阻碍。

① 数据来源于阅文集团官方新闻，https://mp.weixin.qq.com/s/oMN_Q0BJjzLkMCNqe7Bv8w.

1. 以 WuXiaWorld 为例

WuXiaWorld 是目前世界最大的英文中国网络文学网站，2014 年由美国华裔赖静平创办。截至 2017 年 4 月，WuXiaWorld 在全世界网站点击率排行榜上排到了第 1 037 名，日均页面访问量达 1 496.58 万次，已经成长为颇具影响力的中国网络文学翻译平台。WuXiaWorld 翻译网站已经成功推出了四十多部中国网络文学作品，内容涉及玄幻、仙侠、武侠、历史、都市、职场等题材。根据 Alexa 统计数据显示，WuXiaWorld 的读者构成中，40%来自北美，25%来自东南亚，35%来自西欧。WuXiaWorld 在翻译的过程中，采用较为严格的翻译标准，并统一了一些常见概念和术语的具体用词。另外，翻译者会单独解释一些术语或中国文化的特有概念，如“八卦”“阴阳”“气”等；在翻译的过程中易本土化，强调具有“共性”的价值观，弱化中国根本性传统文化，因而更容易被海外读者接受。

在成立之初，WuXiaWorld 网站实际上只是对国内热门小说的翻译，并未获得版权许可。这也是该网站现在广受诟病的重要原因。2016 年 12 月，起点中文网与 WuXiaWorld (武侠世界)宣布合作，签署十年翻译和电子出版合作协议，初步达成 20 部作品的合作协议，“开启了中国网络小说对外输出的新模式”。但是在合作的过程中，两者对作品的版权归属于开发模式产生分歧，并未真正实现每年 20 部作品的约定。

2. 类型化创作

根据 2016 年 8 月中国互联网络公布的《2015 年青少年上网行为研究报告》，网民通过手机应用阅读网络文学作品比率为 41.8%，青少年网民使用率达到 43.7%。整体而言，网络文学国内市场潜力巨大，青少年群体对网络文学作品内容偏好明显，爱情类小说最受欢迎，如图 1 所示。

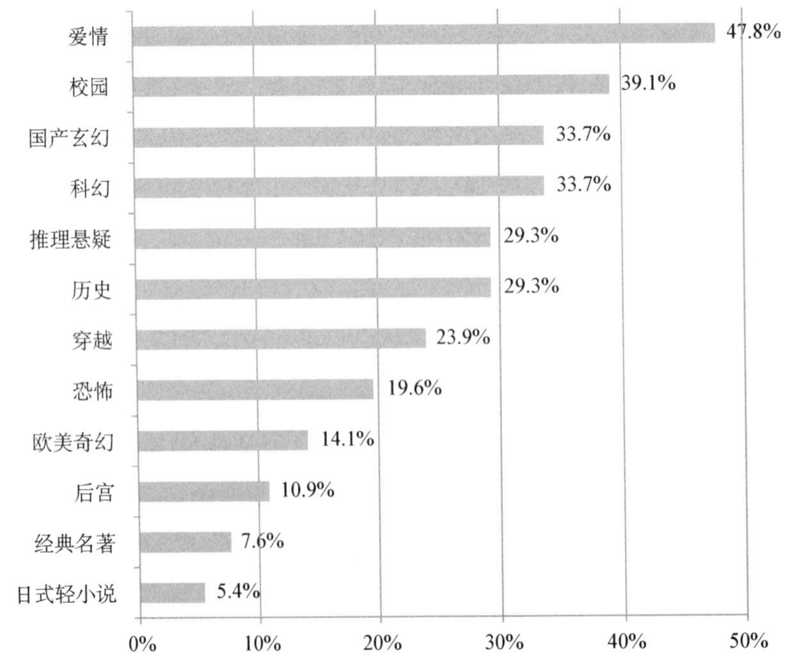

图 1　青少年网络文学内容偏好

由于大部分作家并非职业作家，其写作易受到生活现实与经历的影响，且大部分作家收到排行榜、点击量、观众评分等因素的影响，会自觉或不自觉地受到其他作品影响，受众明显的内容偏好让创作者在创作的过程中难以避免地出现故事的类型化趋势。评论家白烨根据内容，将网络文学作品分为十种类型：官场/职场、架空/穿越、武侠/仙侠、玄幻/科幻、神秘/灵异、惊悚/悬疑、游戏/竞技、军事/谍战、都市/情爱、青春/成长。[4]囊括了网络文学网站所出版的作品。

3. 版权问题

在网络文学发展十几年后，越来越多的学者肯定网络文学的独特文化价值，认为网络文学也是国家软实力的一部分。学术界从经济层面讨论网络文学的商业模式与版权开发问题，学者们对网络文学所具有的商业化表征进行分析。科技降低文化产品的复制成本，智能化赋予文化作品以千万种不同的表现形式，但是市场化的运作导致网上传播的数字内容存在大量的盗版，创作类型化与盗文现象严重影响了网络文学的健康成长。从2004年起，汤帜、王建[5]等学者就意识到网络空间中用户有意或无意地对有价信息进行任意的拷贝和粘贴，尤其是无所顾忌的二次传播(如磁盘复制、网络共享等)，以几何级数的速度消耗了潜在的用户资源，给相关权利人造成巨大的经济损失，挫伤著作权人使用互联网扩展业务的积极性，妨碍信息的传播。如何保护数字作品的版权已成为近年来法律界和IT业界所面临的一个重要的热点问题和难点问题；针对这一现象，王建主张重构利益平衡机制，依凭云数据、区块链等新兴技术保护版权，在法律层面尽快制定我国的《数字版权保护法》等法案。思想经济时代的到来，任何灵感的诞生都意味着新的经济增长点的出现，版权持有人控制其作品传播的能力受到挑战。在当前网络文学出版的过程中，版权交易将会以关系为基础，而非占有，内容化变为数字化；私有知识财产的全球化与全球公共物品的私有化依托于国际技术转移(ITT)，也需要国际知识产权条约的保护。但是美国和其他信息密集型产品出口国发现，它们将会从更高的知识产权全球标准中获益，并在乌拉圭签订TRIPS协议推行这一战略，在这样的国际版权环境中，中国新兴的网络文学能够获得的法律保护与支持有限，需要将加密作为大多数知识财产保护的技术基础。

在网络文学出版到各个国家的过程中，网络文学受到各国家读者的喜爱，并成功进行复制，但是这样的喜爱催生出的是盗版市场的猖獗，由于国内网络文化出版与传播不完善，难以对网络文学输出的内容进行保护，直接影响网络文学市场的正常运作。据盛大文学统计，早在2009年，全国大型盗版网站约有10万家，中小型盗版网站有数百万家，每年盗版市场规模高达50亿元，仅盛大文学一家正版企业每年就因盗版损失高达十亿元。全国最大的网络文学公司——腾讯阅文集团全年因盗版行为遭受的直接损失就高达20亿元。在国外，目前网络文学的对外传播并没有完善的机制，是通过文学网站与出版社与外界对接，甚至通过技术手段直接进行复制，对中国文化输出的中心地位造成威胁。

但是，网络文学作为通俗文学，其根本是青年人的心声，严格的知识产权保护法规会压抑其能够创作与表达的方式，难以让网络文学作品呈现出百花齐放之态。知识产权保护的根本在于刺激创作者能够持续创作，打破类型化的桎梏，给予创作者创作空间，这就要求知识产权保护具备一定的弹性。

三、网络文学作品进出口分析

网络文学发展逐渐由内转外，开启网络文学海外扩张的进程。在世界贸易组织统计的文化产品贸易情况中，没有网络文学或电子出版物这一分类，只有纸质版出版物的统计数据。在中国统计的版权贸易中，分为图书、电子出版物、音乐、软件、录音制品和其他五项，网络文学作为数字出版的文化产品，归属于电子出版物。本文采用国家版权局分类方式，筛选出网络文学作品贸易数据，时间跨度为2011—2016年，根据国家版权局统计数据，共涉及13个国家和地区，其中中国香港、中国澳门、中国台湾三个地区均有单独的统计数据。本文利用UCINET 6软件，对网络文学进行社会网络分析，并建构贸易网络结构图。

1. 输出文化产品网络关系分析

首先，本文将2011—2016年中国对外输出网络文学作品版权数进行统计，建构二值矩阵，进行可视化处理，矩阵中每个节点代表对应时间向该国家(地区)出口的电子出版物版权数。中国对不同经济体有版权输出则记为1，否则记为0。本文设定一个网络中心即中国，设置6个时间节点，分析中国与各国(地区)之间网络文学版权输出与引进的关系变化，其密度反映了各个点之间联系的紧密程度。总体而言，整体网的密度越大，表明该经济体与中国联系越紧密，该网络对其中行动者的态度、行为等产生的影响越大。在图2中，位于图表上方是传统意义上的汉文化圈；下方是与中国文化存在本质差异的文化圈。根据图2可知，处于网络中心的是中国台湾、新加坡与美国，中国长期并大量向其输出电子出版物，位于结构图外围的是法国、中国澳门与俄罗斯。其中法国奉行文化例外政策，提倡文化保护主义，限制网络文学进口数量。由图2可知，网络文学对外输出数目不断增加，汉文化圈的范围逐渐扩大，但是在与中国领土接壤的国家(地区)中并未形成良好的贸易机制，如缅甸、菲律宾、印度等国家暂无网络文学作品的输出。

2. 引进电子出版物网络结构分析

重复以上步骤分析2011—2016年中国引进电子出版物版权数据。如图3所示，各个经济体对中国的版权输出十分密集，中国引进电子出版物的渠道十分丰富，并随着中国版权交易的成熟联系越发紧密。英国是与我国电子出版物版权进口关系最紧密的国家，其次是美国、日本、韩国，这几个国家的电子出版物发展成熟，版权保护机制建设完善；虽然法国与俄罗斯并不进口中国电子出版物，但长期稳定向中国出口电子出版物。

3. 点的中间中心度分析

美国社会学家林顿·弗里曼(Linton Freeman)提出了中间性(betweenness)概念，它测量的是一个经济体在多大程度控制与其他经济体的交往，本文用的是相对中间中心度。点的绝对中心度就是一个经济体与其他经济体之间存在贸易关系的条数。本文在分析点的中心度时，采用非对称初始矩阵计算相对点出度，该指标越大，表明该经济体对应的贸易关联经济体数量越多。

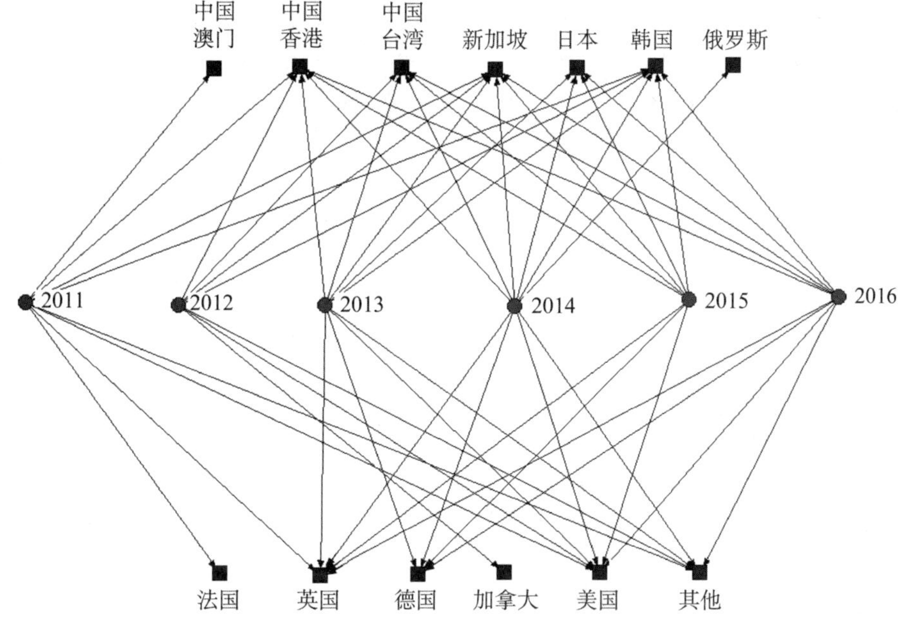

图 2　2011—2016 年中国对外输出版权网络关系图

（资料来源于国家版权总局 2011—2016 年版权进出口统计）

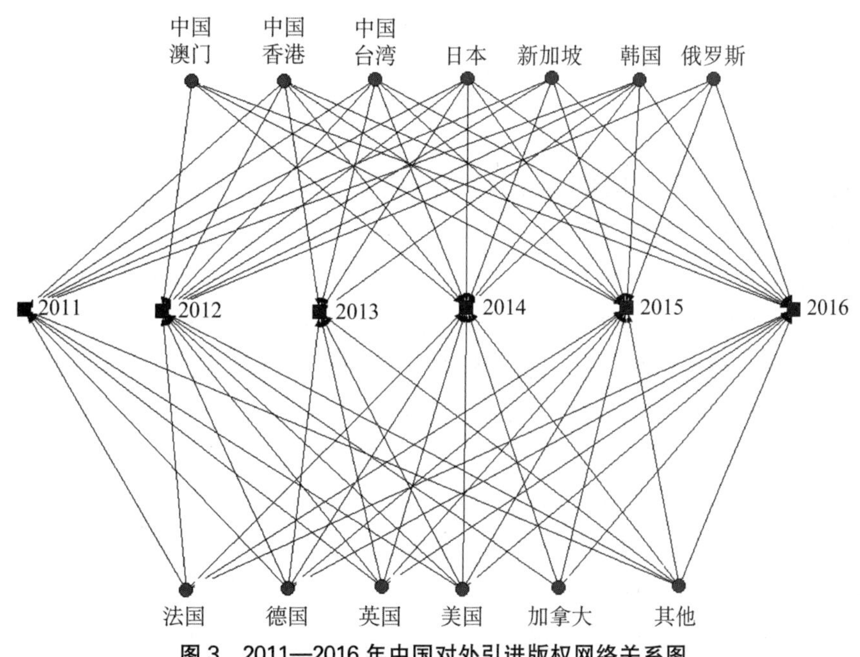

图 3　2011—2016 年中国对外引进版权网络关系图

（资料来源于国家版权总局 2011—2016 年版权进出口统计）

综上所述，中国作为发展中国家，其网络文学尚处于成长阶段，出版时日尚短，竞争力不强，贸易伙伴较少，但生命力顽强。2011—2016 年中国的电子出版物进出口贸易并未处于“控制者”地位，其中间中心度随着时间的延伸而不断增长，在此分析中没有体现中国作为汉文化圈中心的文化输出地位。中国是重要的贸易枢纽，就各个经济体层面而言，以中国作为第二大经济体的作用并未体现：欧美经济体贸易仍然强势，向中国输出电子出版物，亚洲新兴经济体不甘示弱。但中国为中心的汉文化圈并未成功铺张开来，中国电子出版物的中心体地位被削弱，日本、韩国和新加坡一直处于全球贸易的核心区位置，与中国版权交易频繁，但多为输出文化产品到中国，德国、俄罗斯、法国贸易枢纽地位较弱且处于边缘位置。由于网络文学在文化统计中仍有缺漏，国家版权局数据较少，尚未形成网络文学的细分体系，本文的分析仍不完善，难以完全体现网络文学作品的贸易结构。

四、智能化版权

版权问题成为文化传播不可回避的痛点，也是中国与世界其他国家进行文化贸易的阻碍，数字技术与版权的结合为中国汉文化圈文化空间形成提供契机。2017 年 2 月 23 日，掌阅科技宣布联合百度文学、中文在线、阿里文学、磨铁文学等发起成立"原创联盟"，共同推出"精品内容全平台共享计划"。打造网络文学的原创生态环境，刺激网络文学在良好的外部环境下衍生出多元、多样的文学作品，打破追求流量与市场效益的类型化复制。为打造良好的网络文学创作生态环境，有学者提出将区块链技术与版权保护相互结合，让每一本网络文学作品成为区块链的节点，在相同类型之间相互对照，尤其是针对不同版本的翻译之间形成链状网络，搭建跨越国别与语言的智能化版权。

1. 区块链助力网络文学版权保护

区块链作为加密数字货币的底层技术，其本质是一种开放的信息账本，可用于记录、追踪交易，并在网络上进行交易和验证。区块链技术以及其他分布式账本技术可创造一个可靠且透明的记录，记录知识产权所有人所持有的权利以及被许可方的相关信息，这将会使供应链中的每一个人（包括消费者和海关当局）都能够验证产品的真实性并将其与假冒商品区分开来；其允许进行交易的多方提前核实账本的信息，而任何一方随后不能再篡改任何账目信息。每一笔交易或"区块"都会传输给网络中全部的参与者且必须经过每一个能够解决复杂的数学难题的参与"节点"的核实。一旦区块链通过了核实，其将添加进账本或链条中。分布式账本技术真正的创新之处在于其能够通过众多监管手段来确保账本的完整性并实现移除中心化的要求，由于分布式账本技术可以创建一种安全的、基于时间戳的且不可变更的信息链，因此该项技术已经运用于品牌保护和执法、营销以及消费者参与中，对于许多知识产权密集型行业具有重要的意义。

从版权保护的角度而言，网络文学出版的内容复制成本低且网络保护力度较弱，盗文与抄袭成为网络文学出版、IP 开发的重要威胁，也是网络文学传播海外的阻碍。利用区块链技术能够实现其生产创作、网络传播与消费的记录，保护作品的创作与开发，用于检测与查获盗版文学作品，为知识产权的保护和注册以及在注册阶段或法庭诉讼阶段作为证据提供了可能性。

2. 智能合约

智能合约同样是基于区块链技术而诞生的概念。由于一些区块链解决方案能够保存、执行并监测合约代码，因此智能合约对数字权利管理和其他的知识产权交易至关重要。受保护的知识产权中的“智能信息”（比如歌曲或图片）能够以数字的形式（音乐或图片文件夹）进行编码。我国目前的网络文学作品翻译缺乏官方认可的机制，以 WuXiaWorld 为例，该组织最初翻译并传播网络文学作品时并没有版权许可，都是对网络文学的直接盗文或抄袭。在网络文学作品的国际传播中，这样的案例数不胜数，国际条约对此的保护力度较小，涉及的方面有限，而智能合约能够以区块链的方式保护作者的著作权。

3. 著作权

数字化时代给知识经济带来契机也带来挑战，知识产权在数字领域中的转型会受到很深的影响。各个国家的版权法不尽相同，对网络文学作品的著作权保护、IP 开发等具有不同的保护措施。美国劳伦斯·莱斯格（Lawrence Lessig）提出知识共享协议（creative commons）：允许文化创作者自己规定他们想要赋予其文化内容的著作权性质。包括六种协议，授权作品能在原作者书名的前提下自由传播、自由地对原作进行重组或改编、可以用作商业或非商业用途、通常要求改编后的作品以相同方式发布并使用原作相同的许可证。

由此完善知识产权的保护，在“必要保护”与“过度限制”之间找到平衡，鼓励网络文学作品的良性竞争，打破类型化。通过著作权简化知识财产的保护与开发流程，将知识产权的保护中心放在创作者的身上，重新划定利益机制，协调版权持有人的利益与信息技术功能。

参考文献

[1] 周志雄. 网络文学的发展与评判[M]. 北京：人民出版社，2015：9.
[2] 欧阳友权. 网络文学论纲[M]. 北京：人民出版社，2003.
[3] 周志雄. 网络文学的发展与评判[M]. 北京：人民出版社，2015：7－49，292－303.
[4] 起点中文网与美国网站 WuXiaWorld 宣布合作对外输出网络小说[EB/OL]. [2017－05－07]. http://www.donews.com/news/detail/1/2944903.html.
[5] 韩小蕙. 文学类型化意味着什么[N]. 光明日报，2010－09－07(05).

基于社会化媒体的汽车社交设计[①]

于　钊[②]

【摘　要】 社会化媒体改变着人与世界的联系,已成公众社会参与的重要渠道,我们希望利用社会化媒体现有的数字信息和交互技术为汽车进行社会化信息服务设计,探讨如何让汽车具有社交参与、保持社交线索和传送信息内容的功能,以促使驾驶者行使出该应用所赋予的社会行为,达到沟通交流和获取服务的目的。本文我们进行3个驾驶模拟实验,来研究3种不同的交互方式对驾驶者在驾驶中与其他司机进行对话时的表现。然后用一份基于NASA TLX的表格来了解驾驶员在使用这三种交互方式时的主观感受和主观工作量。从交互效果、主观评价两个维度进行分析,对不同交互方式对社会化媒体的效果进行评价。

【关键词】 社会化媒体;交互设计;汽车社交;智能媒体技术

一、引言

在数字化的社会,社会化媒体改变着人与世界的联系,已成公众社会参与的重要渠道,也成为联系不同服务与用户的媒介。我们看到,这种新兴媒体既是一种信息技术,也是一种商业理念,还是一种泛在平台,更是一种社会创新。今天,许多社交网络用户愿意分享诸如脸书、Google+或推特(后者提供更多非个性化)的Web 2.0平台上的个人信息,如当前心情、旅行目的地等。这让他们感觉更亲密[1]。这些信息对驾驶员有用。对许多人来说,汽车是日常生活中不可或缺的一部分。美国交通部的统计数据显示,美国人平均每天在汽车上花费86分钟,大部分时间都是一个人。这就增加了对沟通和娱乐的需求,特别是在人口稠密的地区,车辆数量的不断增加导致在交通堵塞区的等候时间显著增加。对于驾驶员而言,道路环境也可以被视为一种社会情境:在每一次旅行中,我们都会遇到其他的司机,需要与他们共享基础设施。传统的物理通信方法,如车体语言、灯光、喇叭和速度是最常用

---

① 本文将于2019年发表在*Practice and Experience*期刊中,已录用。

② 上海交通大学设计学院博士研究生。

的交换信息的手段，这些方法限制了连接的范围和带宽，可能会导致在分享道路中产生许多的冲突和社会孤立的驾驶行为，驾驶成为一种孤立而阴郁的体验。

社会化媒体在社会化商务、科研教育、生活服务、突发事件等方面都充分发挥了平台作用，成为“社会信息连接器”，呈现出了新的人际交往和信息传播的形态，去中心化的社会网络使得个体以碎片化、叙事化、人际化的方式组成了网络中一个又一个具有扩展力的节点，为改善道路上的司机之间的沟通提供了新的可能性，使社会信息可以突破汽车钢壳的物理限制。而汽车社交则是利用互联汽车作为媒介工具，通过社会化媒体与汽车、城市信息流、位置地图结合，将驾驶者和服务相互联系，将车内与车外的信息、生活相互联系，将移动设备与汽车彼此整合，创造更出色的用户体验和价值机会[2]。

例如，麻省理工学院的可感知城市实验室分析来自推特地理标记的聚集数据，以评估特定道路上的驾驶员情绪。天气、事故和交通数据构成道路挫折指数的一部分。这个指标可帮助驾车者更好地了解主要城市的驾驶环境。类似的，个人数据可以更好地反映驾驶者的周围环境。在阴暗的挡风玻璃后面的司机之间的社会交往可能表现为侵略性、自私的驾驶和反社会行为[3]。未来的研究应该在汽车系统中进行设计和试验，以传达和理解社会线索/背景，以便找出这样的系统对改善集体决策的影响。例如，个性化的、单独设计的数字“靴子贴纸”可以让公众对那些共享道路的人表达意见，传达线索，如“匆忙”“轻松的家庭道路旅行”“探索城市”“有一个坏/好的一天”“开车送孩子上学”“在我去派对的路上”等。

汽车作为新的媒介平台，使得社交互动表现出独特的形态。汽车社交既继承了社交网络的人际吸引、团队协作动力、随意的助人善举、个性的角色印象等社交图式，同时又传达出交通工具所带来的复合驾驶情境下的情绪输出，呈现出片段化、私密性、移动性的特点。同时，社会化媒体已经成为连接不同服务与产品的中介，用户使用产品并能通过社会化媒体将信息进行传播和分享，产生体验性的内容，形成了产品与社交、应用与服务的商业模式。利用现有的数字信息和交互技术为汽车进行社会化信息交互服务设计是值得探索的课题，也是社会化媒体在汽车领域的具体运用。位置共享型的社会化媒体一般都具备参与、沟通、人际、活动四个设计要素，但会各有突出。在现有的社会化媒体中，Web端和移动端交互和界面设计已针对其用户群体进行服务功能的拓展，但具体产品的用户体验和使用接受度却出现极大差别。而社会化媒体的产品并不是单纯意义上的个性化界面或线上线下的服务拓展，也不是纯粹的用户参与和内容创造，而是这些不同层面的综合集成的功能体。

我们希望利用社会化媒体现有的数字信息和交互技术为汽车进行社会化信息服务设计，探讨如何让汽车具有社交参与、保持社交线索和传送信息内容的功能，以促使驾驶者行使出该应用所要赋予的社会行为，达到沟通交流和获取服务的目的。

二、相关文献

要进行社会化媒体在汽车交互中的应用，我们需要对人在驾驶时所采取的交互方式进行了解，根据驾驶员的驾驶行为对相应的结论进行验证。汽车交互领域的论文主要集中于国外数据库。“Automotive UI”中关于汽车交互的文献量非常集中，且多见于应用研究。

针对我们所要选取的汽车交互方式，“汽车用户界面：车辆人机交互”对多种交互方式进行了介绍，如触摸、手势、语音等[4]。有一些设计师考虑使用手势识别作为替代用户控制的方案之一，讨论了当前汽车的手势识别研究概况[5]，还有一些设计师希望加入眼动追踪的技术，如 Lillholm M 的眼动追踪研究和 Istance. H 的游戏注视动作研究。

社会化媒体中最常见的还是接触点击的交互方式，如自然、直观的手指输入作为车辆控制方式提出了一种点击式触摸屏在汽车上的应用，还有一些研究显示语音交互的听觉对驾驶性能和心理负荷的影响最小，但会牺牲一定的任务完成效率[6]。

在与陌生人的社会交流中需要考虑到个人隐私的保护，相关研究表明虚拟人物的视频通话形式是可选的替代方案，参与者在执行复杂的数学问题时，在存在人类、虚拟人投影的生命大小和沉浸式虚拟环境中的虚拟人时受到抑制。类型观众在场并不是一个因素，只是观众在场。在这项研究中，社会抑制理论一直延伸到虚拟人身上，所以我们可以选取虚拟人进行视频展示，驾驶员在驾驶时能同样约束自己的行为，这种方法可以改善司机之间的社会互动，允许更清晰的道路使用者的集体决策和减少反社会行为的概率[3]。同时我们需要对驾驶员的驾驶行为进行分析，以确定要对驾驶员进行检测的内容，针对驾驶行为的社会性，“驾驶愤怒表情量表：衡量人们如何在道路上表达愤怒”列举了驾驶员表达愤怒的方式，对驾驶行为的理解有一定的帮助。我们希望研究如何将汽车与移动交互、社会信息相结合，对汽车交互的具体应用及其可行性做改良性的研究。

三、实验方法

社会化媒体选择的关键在于交互方法的确定，在考虑汽车上的社会化媒体采用什么样的交互方式时，我们采用现在社会化媒体中较为常见的三种交互方式进行对比试验：文字输入、语音输入和虚拟形象视频，采用参与者较为熟悉的界面布局，在文字显示中对关键信息进行一定的处理，以提升阅读时的理解速度。

除了驾驶员的生理效能，我们需要考虑用户主观使用中的心理感受，以及用户是否在驾驶过程中受到了一定的社会抑制，以规范自己的驾驶行为。

1. 提出假设

根据文献分析我们对实验提出了四种假设：①接收信息时文字信息比语音和视频更加有效；②在发送信息时语音与视频比文字更加便捷；③视频会让用户产生社会抑制效应，产生更强的自律行为。

2. 参与者

志愿者来自上海交通大学研究生三年级一个班上的学生，6 名女性和 16 名男性，参与者年龄 22 至 26 岁不等，均有正常视力，他们均有一定的驾驶经验，取得了驾驶执照。

3. 实验设备

驾驶模拟软件，采用 SCS Software 开发的 Euro Truck Simulator 2，该软件除了对驾驶行为进行模拟外，还较好地模拟了道路上其他车辆和灯光、标志，并且该软件对 G27 模拟器支持度较高。虚拟视频通话运用了 facerig 软件，利用摄像头跟踪将真人视频转化为虚拟角色。图 1 为驾驶模拟器的界面，虚线方框内为需要被试注意的内容。

图 1 驾驶模拟器的操作界面

一部安卓手机被用来模拟车上使用的抬头显示器(Head Up Display，HUD)，使用三个原型软件，基于我们常用的聊天软件进行了界面设计，我们的工作人员和被试可以通过原型互相发送信息，并记录下被试开始操作和完成操作的时间，记录的时间可以精确到毫秒级。

4. 实验设计

实验的自变量为交互方式，被试分别用文字、语音、视频与工作人员进行沟通，完成指定的驾驶任务与社交任务，实验开始时会为参与者提供 10 分钟左右的练习时间，熟悉驾驶模拟器与聊天原型软件，被试被要求车速尽量保持在 20 公里以上，并尽量不要停车，在驾驶过程中，实验者模拟其他车辆的驾驶者为被试发送任务，每次任务与任务之间会短暂停顿数分钟。如果参与者忘记或没有听到任务，可以要求“重复”，但这种行为会被记录在最终结果之中。在理解工作人员的指令后立即点击回复按钮，并且在输入完信息后立即点击发送，以确定不同条件下被试理解指令与发送回复的时间差别。每个驱动器持续 10 分钟，期间有随机的 6 个指令提供给被试，3 个容易理解与回复的驾驶行为任务(如前方请转弯，前方路口请右转)，以及 3 个较难理解与回复的社交任务(如我来自北京西城区，你曾经去过吗)，工作人员与被试分别要求用文字、语音和视频的方式互相沟通来完成这 3 组实验，每个实验约 40 分钟左右，为被试提供了食品与礼物作为奖励。

我们进行 3 组驾驶模拟实验，来研究在 3 种不同的交互方式及其界面中驾驶者驾驶时与其他司机进行对话时的表现。3 组实验结束后我们会要求用户填写一份问卷，问卷基于 NASA TLX 进行编写，加入了社会化媒体体验的题目(如使用软件时是否觉得被人监视)，检测使用不同交互方式时被试的主观偏好和主观工作量，如在看文字信息时是否全部读完，在视频交互时是否有被人注视的感觉。

四、实验结果

根据我们的假设，实验主要收集了两个维度的数据，第一个维度是交互效果评价，对被试在使用交互软件时理解与传达信息的准确性进行分析，反映出交互方式传达信息的准确性。第二个维度是主观评价，通过问卷对被试的主观感受和主观工作量进行分析，并要被试提出自己对三种交互方式的意见，探究不同交互方式对用户心理产生的影响。

1. 交互效果

1）任务出错数

除了驾驶性能，我们还评估了受试者撰写消息的表现。我们收集了合成的文本信息。这些文本通过一次测试手动分析，分析被试的文字或语音内容包含含混不清或者无法理解的含义。如图 2 所示，文字界面有部分信息有错别字，语音信息中有部分发音错误，但 3 种交互行为都很少产生我们无法理解或容易混淆的含义。

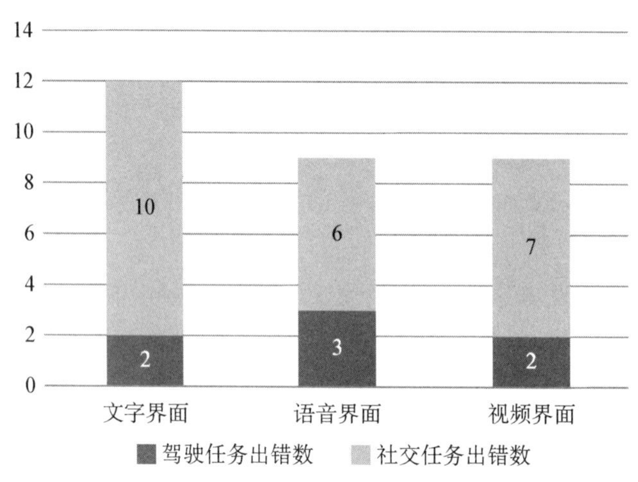

图 2 3 种界面的任务错误数

2）任务时间

与视觉注意时间不同的是，任务时间定义为经过的时间量，部分操作不需要被试目光从道路上移开。我们的研究结果表明交互作用技术对任务时间有显著的影响，文字界面、语音界面和视频界面的平均任务时间分别为 16.75s、25.45s 和 22.24s(见图 3)。事后比较表明文字与其他交互差异有统计学意义，未观察到差异在视频和音频之间有明显的差别。

2. 主观评价

1）主观评价排名

结束研究后，每个参与者都有机会表达他对每一个问题的主观看法，图 4 显示参加者的人数和他们对于不同交互方式的易用性和驾驶分心等表现的排名。易于使用方面，语音交

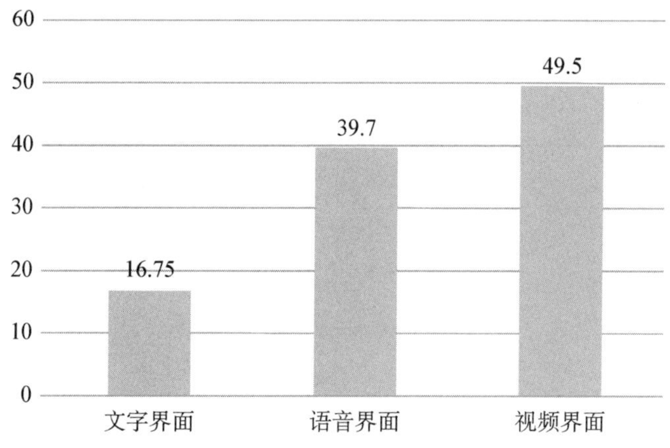

图3　3种界面所用的任务时间

互获得最高得分。至于用户对驾驶的注意力分散的意见，文字界面的表现是最好的，显示了受试者对接收信息效果和发送信息效果的心理感受。在自己的车辆中使用它们的可取性方面，视频在大多数受试者心中社会参与感最高，虽然与音频相比并不明显。

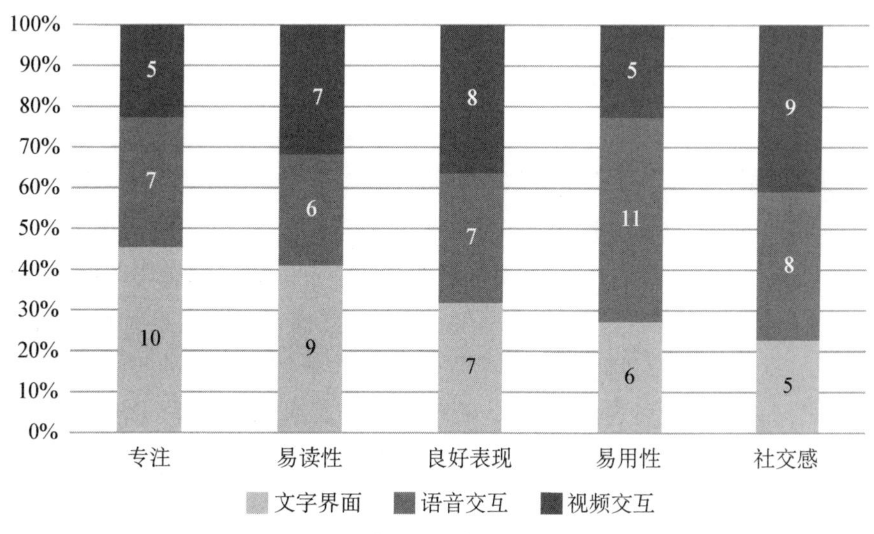

图4　3种界面的主观评价排名

2）心理工作负荷

在完成每一个会话后，受试者填写用 NASA TLX 问卷，调查他们在与每个接口交互时的工作负荷，工作负荷平均值分别为 42、39.7、49.5(见图 5)。

3）访谈

问卷调查报告表明，不同交互方式可在不同程度上帮助受试在不看装置的情况下做一些动作，比如接收和发送信息。这一观察结果在视线追踪中得到证实。有些人认为文本在

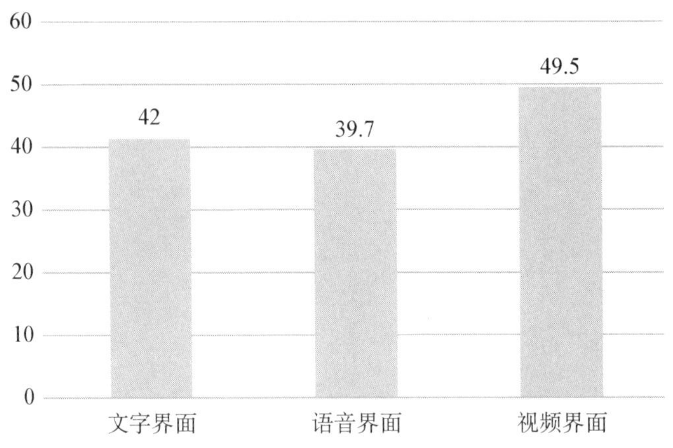

图5　3种任务所产生的心理工作负荷

接收与阅读中更容易理解，而音频在发送信息时可以允许更多的自由视线。在18个参与者中有12个报告说他们在完成搜索任务时没有感到时间压力。在使用视频时有明显的时间压力和被注视感，但他们认为是自我诱导的。当被问及偏好时，10个参与者更喜欢文字，6个偏好音频。

五、结论与展望

社会化媒体的深度融合让汽车的属性慢慢发生变化，它不再是一个"四个轮子加两个沙发"信息孤岛式的出行工具，不再一味地追求动力和制造工艺，而将融合社会人文、智能信息的元素。本文介绍了传达社会/意向信息的不同交互方式。通过不同的交互方式来提高情境意识和决策。这个初步研究为今后的研究奠定了基础。对实验前的3个假设进行了检验：①接收信息时文字信息比语音和视频更加有效，从被试的任务时间和主观问卷中都得到了相同的结论。②在发送信息时，语音与视频比文字更加便捷。同样，从被试的主观问卷中有相同的结论，支持这个假设。③视频会让用户产生社会抑制效应，产生更强的自律行为。

虽然从主观问卷中被试表示视频有更强的被注视感，被试浏览界面的次数也明显增多，表现出一定的社会抑制效应，但在完成驾驶任务时被试同样受到较大的影响，增多了错误的产生，这与我们预期的简单任务促进，复杂任务抑制不符，说明视频界面对司机的工作量增大。

本文分析了在驾驶员交流系统中，不同交互方式的沟通效果对驾驶的影响，因为是在驾驶场景中人与人交流，与我们一般使用的沟通软件以及车辆上人与机器交互的GPS等系统有所区别。我们主要从驾驶性能评价、道路注意评价、交互效果评价、主观评价四个维度进行分析，对不同交互方式对驾驶交流效果的影响进行评价，不仅要研究交互行为对驾驶任务的干扰程度，还要分析使用系统时哪种交流方式将司机真正置入到整个社会系统中，驾驶员交流系统不仅要帮助司机完成驾驶任务，还致力于使司机在驾驶时增加与其他司机的社交，既要减少驾驶分心，增强可用性，又要减少孤立而阴郁的驾驶体验，促使驾驶员的社交参与。

现阶段我们的评估研究得出的结论是：①语音与文字交互方式远低于视频使用的分心，语音在发送信息时的分心最少；②文字或语音的错误不会影响司机的认识和理解，但会造成分心的增多；③文字显示中对信息的标注以及回看让司机产生更好的交互体验，可以根据司机的理解能力自由掌握观看速度；④视频使司机感受到了明显的社会参与感，但因为对信息没有预期，明显增多了被试的浏览次数，文字与语音不明显。问卷还表明，部分用户在完成指令后期望在屏幕上得到某种形式的反馈。即使每个具有视觉输出模式（HUD和HDD）的接口也提供可听（TTS）输出，受试者仍然广泛地使用视觉部分。换言之，他们更喜欢看图形用户界面（GUI），即使同样的信息被传递的声音可听。

在以后的研究与设计中，我们需要考虑更多信息传递的方法和内容，一方面，随着道路状况复杂程度的增加，未来驾驶员之间交流的需求会增加，交流的效率和感受非常重要，如何让信息以更加直观、创新、令人信服和安全的方式显示或传达给城市驾驶员。另一方面，无人驾驶的技术不断发展，以后的人们可能从驾驶任务中解脱出来，那么驾驶任务就需要更多的娱乐性与社交性，交流系统需要考虑更多的社会影响，比如加入现在社交软件中的成就、社会表达等功能，鼓励友善的驾驶行为和信息分享，让游客们感觉更加亲密。值得注意的是，这个驾驶模拟器研究是复杂现实世界情况的简化版本。它缺少由自然主义条件提供的社会背景。因此，应谨慎地将此初步研究的有效性推算为真实驾驶条件，在以后的研究中谨慎加入更加真实的社交情景。

参考文献

[1] Alt F, Kern D, Schulte F, et al. Enabling micro-entertainment in vehicles based on context information [C]// Pittsburgh, PA, USA: Proceedings of 2nd International Conference on Automotive User Interfaces and Interactive Vehicular Applications, Automotive UI 2010, 2010: 117 - 124.

[2] 甘为. 基于社会化媒体的共生交互及汽车社交设计[D]. 长沙：湖南大学. 2015.

[3] Schroeter R, Rakotonirainy A, Foth M. The social car: new interactive vehicular applications derived from social media and urban informatics [C]//. Portsmouth, New Hampshire: Proceedings of the 4th International Conference on Automotive User Interfaces and Interactive Vehicular Applications, 2012: 107 - 110.

[4] Schmidt A, Dey A K, Kun A L, et al. Automotive user interfaces: human computer interaction in the car [C]// Atlanta: CHI'10 Extended Abstracts on Human Factors in Computing Systems, 2010: 3177 - 3180.

[5] Pickering CA, Burnham K J, Richardson M J A Research Study of Hand Gesture Recognition Technologies and Applications for Human Vehicle Interaction [C]// warmick, UK: Conference on Automotive Electronics, 2007: 1 - 15.

[6] Weinberg G, Harsham B, Medenica Z. Evaluating the Usability of a Head-Up Display for Selection from Choice Lists in Cars [C]// Salzburg, Austria: Automotive UI'11, Proceedings of the 3rd International Conference on Automative User Interfaces and Inter active vehicular Applications, 2011: 39 - 46. 11: 1 - 10,2011.

The Study of Viewers' Motivation on Chinese Edutainment TV Programs

Mao Qianqian①

【Abstract】 Audiences in contemporary society are no longer passive receivers, and the sense of autonomy of the audiences is getting much stronger. At the same time, they have a strong sense of participation. Therefore, a popular program must provide valuable information to survive long. In the era of the pan entertainment, the rising of such edutainment TV programs like *Readers* and *National Treasure*, on the one hand, the own culture, attribution and quality were reflected in the programs, on the other hand, they also reflect the audience's aesthetic, not just only to watch the "hedonic" of the variety of entertainment, but more and more attention to their own heart, and try to grow and improve themselves from the programs for "eudaimonic" entertainment experience. Edutainment programs like *Readers* and *National Treasure* are great models. In the questionnaire survey of 224 respondents, they believed that the core values conveyed by these edutainment programs were "the development of Chinese traditional culture" and "inheritance". In a program full of knowledge points, the audience can feel the positive and upward power, which is also the spirit of our Chinese civilization. It can be found that as for the edutainment TV programs, both hedonic and eudaimonic entertainment experiences are existing. But audiences are more likely to get information and to have self-improvement.

【Key Words】 edutainment TV programs; eudaimonic; hedonic; viewing motivation

1 The rise and definition of edutainment in western countries

The notion "edutainment" was first used by Robert Heyman from American National

① Doctoral candidate at School of Media and Communication, Shanghai Jiao Tong University.

Geography Academic Union and he suggested the necessary that transfer some TV documentaries into learning materials. In this case, these kinds of TV programs were named "edutainment".

Early edutainment activities with adventitious, Sabido as a Mexican program producer and a scholar first consciously used media entertainment to carry out social education activities. From 1975 to 1982, he wrote 7 edutainment programs aiming to eliminate illiteracy, family planning, and many other aspects of the social propaganda which has a good social effect. Since then, Sabido's edutainment method has been popularized around the world, until the 1990s that governments and various social organizations began to pay attention to it. As a kind of communication and publicity method with a long history, edutainment has attracted attention and becomes popular at this time, and is closely related to the contemporary social context.

Arvind Singhal demonstrated that the notion of "edutainment" is a process of increasing educational knowledge, building tendentious attitude, shifting bad social customs and changing audience behavior by using clever content design of communication through entertainment.

Tufte pointed that edutainment regards entertainment as a communication practice and spreads development issues strategically to a certain extent. It usually has a purpose, including social marketing of narrow individual behavior and integration of social change and citizenship drive. At the same time, Tufte divided the strategies of edutainment into three generations. The first generation of edutainment is based on the theory of social learning, it is mainly used to disseminate information, raise awareness and change behavior, however, the understanding and needs of target audiences were ignored. The second generation emerged in the late 1990s, social marketing strategies were continuing to be used to achieve behavioral change. It also put forward the participation mode, which formed the mixture of development diffusion and participation paradigm. The third generation believes that the root of the development problem is not the lack of information, but structural inequalities, power imbalances and profound social problems. Therefore, the goal of the third-generation edutainment is to empower individuals and communities to seek and create social change. These interventions believe that change cannot be driven by outside forces, but must come within communities. Therefore, the recognition of the right to speak, human rights and cultural citizenship is the core of the third generation of edutainment.

Considering the concept of edutainment in the digital entertainment media and the development of new participatory culture and other fields of recent years. Singhal suggested to redefine "edutainment" as a kind of communication strategy which is based on theory, it has the purpose that puts the educational and social issues into the process of entertainment creation, production, processing and transmission, in the hope of the scheduled media use groups of people for the desired system of individual, community, and the change of social hierarchy".

It can be seen that redefine "edutainment" has a wider range than the previously definition, and it does not simply put the educational and social content into entertainment programs such as games, but infiltrates the entertainment from creation to all aspects of the processing and transmission, and has more accurate target audiences.

There are various definition used by scholars to explain the concept of entertainment with education. Thus, one of the challenges of studying edutainment programing is identifying the attributes that define it.

A study about entertainment political talk shows on TV conducted by Franziska et al. emphasized the importance of entertainment in the "serious" type of talk shows. Based on previous researches, the term "infotainment" was adopted by some scholars to describe the information and entertainment features contained in the political media coverage. However, Liu & Yun further demonstrated that the definition of infotainment is mingled with news and entertainment, such as interview, comments and retrospective programs and so on, it can be named docutainment as well. There are two meanings of infotainment, the first one is edutainment and the second one is for the television or radio programs which uses the forms of entertainment such as dramatic elements to deal with factual materials. To be specific, they believed the conception of edutainment should be concluded into infotainment (see Figure 1).

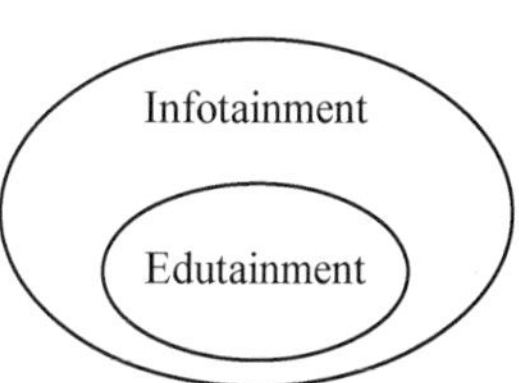

Figure 1 The relationship between infotainment and edutainment.

2 The notion of "edutainment" in the domestic domain

The concept of edutainment introduced in China began in 2008, relative articles mainly contain "Analysis on the types and values of entertainment education plays" and "The inspiration of Foreign entertainment education TV series development" written by Han. Another article was written by Chen named "The preliminary exploration of Foreign entertainment education activity". These three articles all cut into entertainment education from the perspective of radio drama and TV series, mainly elaborating the development process of entertainment education, the theoretical basis and text characteristics of entertainment education TV series.

Domestic audiences have gradually lost interest in serious play, which has obvious propaganda purposes. Therefore, in education and training for some complex and sensitive problems, it's time to work hard on entertainment to achieve subtle effects. The idea of teaching through fun has been around since ancient times in China and is deeply rooted in people's hearts. As listed before, Chen wrote an article summarizing and introducing foreign entertainment education activities. The author studied entertainment education from the definition of entertainment education, the development of foreign countries and the theoretical basis, so as to raise expectations for the further development of entertainment education in China.

In the study of Chinese entertainment education programs, the idea of "teaching while playing" urgently needs to move from the general concept level to the regular theoretical discussion and practical operation level. "Serious" and "entertainment" are not contradictory, "entertainment" and "education" are not contradictory as well. The organic combination that provides a platform for the sustainable development of entertainment education programs and promotes the sound development of serious variety shows. It is not only for entertainment purposes, but also to allow audiences to receive some information while watching so as to form pro-social behavior interaction. This coincides with the education strategy in communication studies.

Many domestic studies define such programs as "cultural programs". Fang and Yang believe that seriousness and entertainment are both prominent features of such programs. The narrative mode of cultural variety shows can well follow the theme, focus on the theme and highlight the theme. With cultural publicity as the axis, the combination of entertainment and seriousness is realized, which makes the program have connotation, value, narrative motivation and logic clear and easy to be accepted, understood and absorbed by ordinary audiences. In contrast, many foreign studies have produced many corresponding nouns such as "infotainment" and "edutainment", which explain the nature and connotation of such programs from multiple dimensions.

3 Take edutainment programs *Readers* and *National Treasure* as examples

There were two kinds of edutainment programs launched by CCTV in the year of 2017 and a warm welcome was received in the audiences.

Readers is a cultural and emotional program launched by China central television (CCTV). With the combination of personal growth, emotional experience, background stories and the good works of the world, this program chooses to read the value behind the beautiful words with the plainest emotion. The program aims to realize the culture infection, the inspiring, the transmission of the audiences. *Readers* invite the influential guests of all fields to come to the scene, share their own life stories and read the classic literatures selected by the top writers, publishers, experts and scholars from the literary advisory group. The beauty of life, the beauty of literature and the beauty of emotion will be expressed in this program.

National Treasure is an exploration program made by CCTV and CCTV International Media Co. , Ltd. , which combines two kinds of creative forms, documentary and variety entertainment. It creates a new expression with the core of culture, the appearance of variety entertainment and the temperament of record. The program is based on the resources of culture treasure of China. Through combing and summarizing the pieces of cultural relics, on the one hand, the program can encourage more audiences to go into the museum, understand the beauty of cultural relics, on the other hand, it will help people understand the spiritual core of the civilization and the continuation of Chinese culture, arouse publics' attention and protection of Chinese civilization. This program invites influential public figures to tell the story behind the cultural relics as "national treasure Guardian", the cultural relic is not only a display in the museum, but also a literary legend of "life" by the display of television language. From the "cultural relics" of the museum, audience can be leaded into the museum with the lens language, trying to sort out and summarize the past life of every cultural relic, and to feel the profound and proud of the traditional culture in a million years with the audience. By means of television, the "national treasure" cultural relics "live", not only a display, but can let the audience feel the "life" of the cultural legend.

4 The viewers' perception of edutainment TV programs

The interactivity of entertainment education shows in the audience's perception of it. People in the communication process may interact with other participants in the communication process through rotation, feedback and selection of behavior.

Xu & Zhang illustrated that the background of the audience to accept need to consider from three aspects: first, social factors, namely the awakening of Chinese cultural gene, the national pride and ego identity to grow, however, as opposed to a spread of globalization and the digital trigger of culture identity crisis. Globalization has gradually eliminated the nationality of Chinese culture, and digital communication continues to compress the time and space of individual existence. In the context of excessive entertainment, the audience yearns for the return of spiritual culture. The negative influence of pan-entertainment is gradually emerging. Programs such as *readers*, which follow the cultural route, stand out from the monotonous variety entertainment programs. The second is psychological factor. The fast pace and high intensity of work life have brought psychological pressure to modern people, and the audience instinctively fled to variety entertainment programs. In the entertainment to be able to temporarily forget the real troubles, even to substitute themselves into the program. The alternative satisfaction will be achieved through the program. Finally, is the media expectation factor. According to the view of reception aesthetics, the audience have a "preexistence structure" in their brain before accepting cultural variety shows. This kind of "preexistence structure" is formed by the audience's life experience, social experience, education level and aesthetic interest. Under the influence of this structure, audience will form their own unique expectations before accepting cultural variety shows. When cultural variety shows meet the psychological expectations of the audience, there will be resonance between the audience and the program, so aesthetic satisfaction is achieved.

However, many domestic studies on such programs start from the program design and programming itself, ignoring the audience's perception of the program. In fact, as the most important subject of the program, the audience's watching motivation is a very important research content.

The social learning theory is one of the most widely used theories in entertainment education. The main idea supported in this theory is that soap opera, drama, and other forms of entertaining education's characters have an exemplary role for the audiences. Is it based on the hypothesis that humans learn to act by observing other people, including those people described by the mass media.

Zhao pointed that the content of the TV variety shows contains all of people, places, events, methods, music, sound and light effects, time and space transformation, visual modelling, etc. All can perceive the existence and include programs to convey aesthetic, entertainment, art, and many other bearings in the field of ideology. In this basis, the study of viewers' viewing motivation becomes more and more important.

McQuail, Blumler and Brown classified four types of motivations such as diversion, personal relationships, personal identity and surveillance. Rubin distinguished two important viewing motivations based on the theory of use and gratifications and they are ritualized viewing (time consumption entertainment) and instrumental viewing (information seeking). Oliver and Raney defined viewing motivation in films as two categories: hedonic motivations and eudaimonic motivations. The former one is the process of pleasure-seeking and the latter one means truth seeking. However, the study of viewers' perception in entertainment TV programs is rare. Bartsch & Hartmann demonstrated the change of cognition and affective for individuals that are caused by different media content. Particularly, it revealed another entertainment consumption that people could experience the sense of challenge, meaningful and personal maturity. Thus, the analysis of edutainment will provide another perspective that enhance the function of entertainment. In addition, edutainment could be a paradigm for public to re-evaluate the relationship between hedonic and eudaimonic experiences.

Based on the literatures above, there are four research questions put forward in this study.

RQ_1: What values do Chinese edutainment TV programs convey to the audiences?

RQ_2: Is it a successful way to spread the edutainment TV programs?
What's the broadcasting effect?

RQ_3: What are the specific viewing motivations of Chinese edutainment TV programs?

RQ_4: When watching such programs, which ience is more obvious, hedonic experience or eudaimonic experience?

5 Methodology

A quantitative research method was conducted in this research. Questionnaires and the open-end questions were used to guide participants. The first section of the questionnaire assessed the respondents' motivation for watching by using viewing motivation scales designed by Rubin.

To differentiate between users and nonusers, people were asked whether they had ever watched the mentioned edutainment TV shows (*Readers* and *National Treasure*). People who watched some or at least one of the before-mentioned edutainment TV shows were defined as users and were asked the following questions. For those who never seen these programs, people will be guided to answer the broadcasting effect and to measure the value these programs convey.

The first section of the questionnaire assessed the respondents' motivation for watching. Nine items were taken in the Television Viewing Motives Scale which included relaxation, companionship, habit, pass time, entertainment, social interaction, information, arousal and escape and were measured on 5-point Likert scales from doing totally to doing not apply at all(see Table 1).

Table 1 Viewing motivation scale

Initial Viewing Motivation Categories and Statements
Relaxation
1. Because it relaxes me
2. Because it allows me to unwind
3. Because it's a pleasant rest
Companionship
1. So I won't have to be alone
2. When there's no one else to talk to or be with
3. Because it makes me feel less lonely
Habit
1. Just because it's there
2. Because I just like to watch
3. Because it's a habit, just something I do
Pass time
1. When I have nothing better to do
2. Because it passes the time away, particularly when I'm bored
3. Because it gives me something to do to occupy my time
Entertainment
1. Because it entertains me
2. Because it's enjoyable
3. Because it amuses me
Social Interaction
1. Because it's something to do when friends come over
2. So I can talk with other people about what's on
3. So I can be with other members of the family or friends who are watching
Information
1. Because it helps me learn things about myself and others
2. So I can learn how to do things which I haven't done before
3. So I could learn about what could happen to me
Arousal
1. Because it's thrilling
2. Because it's exciting

(续表)

Initial Viewing Motivation Categories and Statements
3. Because it peps me up
Escape
1. So I can forget about school or other things
2. So I can get away from the rest of the family or others
3. So I can get away from what I'm doing

To measure the broadcasting effect, people will answer such questions like "I like these programs very much", "I think it is necessary for China to produce more edutainment TV programs" and so on.

Then is to measure the core value that edutainment TV programs expressed to the audiences, the open-end question was employed, participants' self-report of their feeling of edutainment programs will be reflected.

Finally, basic demographic information (age, gender and education) was assessed. Those who completed the online survey participated in a lottery for gift certificates.

6 Statistical analysis and results

In a convenience sample of 224 participants (male: n=85, female: n=139). 63.39% participants mainly from 20~29 years old. Participants were asked to provide information about their attitude of edutainment TV programs. Of particular interest were their watching motivations. These items were measured on a 5-point Likert scale ranging from 1 (applies not at all) to 5 (applies completely) and included statements concerning participants' rationality such as "I watch edutainment TV programs only if there are no better options on TV" from the Television Viewing Motivation Scale.

The survey's finding show that people have different intentions for watching edutainment TV programs, while some of the participants stated a high degree of interest in gaining information through such shows, others simply watch them for entertainment purposes. As can be seen from Table 2, the initial purposes for participants watching edutainment TV programs are information gathering and relaxation. Participants believed the context of edutainment is arousal as well. It can be concluded that the entertainment experiences of edutainment TV programs for example, *Readers* and *National Treasure* both contain hedonic and eudaimonic experiences.

Table 2 The sort order of different motivations

Viewing Motivation	Score f(x)=sum	Viewing Motivation	Score f(x)=sum
Information	1 359	Escape	1 126
Relaxation	1 332	Pass time	1 092
Arousal	1 259	Habit	1 009
Entertainment	1 220	Companionship	931
Social Interaction	1 209		

To measure the value these two programs conveyed to audiences, the open-end question was set in the questionnaire. Through the analysis of different answers, the main values were illustrated in Figure 2. And they are "Culture" "Tradition" "Value" "Inheritance""China" respectively.

To consider if the way that *Readers* and *National Treasure* spread in China is successful, three additional questions were used to measure the broadcasting effect of edutainment programs. More than 48. 19% of the participants agreed that "I like this kind of edutainment programs very much", more than 50. 89% of the participants agreed that "I think this kind of edutainment programs are meaningful" and more than 45. 98% of the participants believed that "I think there should be more edutainment programs appear in the future".

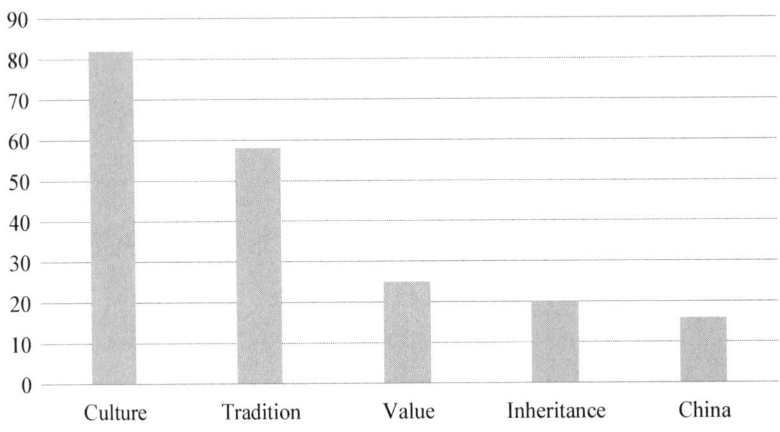

Figure 2 Key words of participants' perception of edutainment TV programs

7 Discussion

There is a dilemma that for one thing, public hope to achieve culture nourishment to enrich their life, for another, entertainment seems to be overdone today.

Audiences in contemporary society are no longer passive receivers, and the sense of autonomy of the audiences is getting stronger and stronger. At the same time, they have a strong sense of participation. Therefore, a popular program must provide valuable information to survive long.

In the era of the pan entertainment, the rising of such edutainment TV programs like *Readers* and *National Treasure*, on the one hand, the own culture, attribution and quality were reflected in the programs, on the other hand, they also reflect the audience's aesthetic, not just only to watch the "hedonic" of the variety of entertainment, but more and more attention to their own heart, and try to grow and improve themselves from the programs for "eudaimonic" entertainment experience.

TV shows are the guide for lifestyle and values. China's entertainment television programs start slightly later than western countries, but if the program can create its own distinct personality, it can still win a large number of viewers. Edutainment programs like *Readers* and *National Treasure* are great models. In the questionnaire survey of 224 respondents, they believed that the core values conveyed by these edutainment programs were "the development of Chinese traditional culture" and "inheritance". In a program full of knowledge points, the audience can feel the positive and upward power, which is also the spirit of our Chinese civilization.

It can be found that as for the edutainment TV programs, both hedonic and eudaimonic entertainment experiences are existing. But audiences are more likely to get information and to have self-improvement.

The broadcasting way of *Readers* and *National Treasure* in China is successful to some extent. 74.11% of the participants said they had seen the shows before and most of them praised the content of these programs.

According to *Amusing ourselves to death* written by Nell Postman, the attitude of serious seems to be disappeared in today's society. There is an increasing concern that with the widespread of entertainment spirit, people have lost their ability to be "serious". New media tend to diversify with the development of technology, the way people get information is more extensive. Generally, public options keen on dismember serious things into laughter on the internet, it reflects the current situation of mainstream culture that people habitually deny the intrinsic value of culture. In this circumstance, the critical thinking and judgement will be lost. Thus, the analysis of seriously entertainment will provide another perspective that enhance the function of entertainment. In addition, edutainment programs could be a paradigm for public to re-evaluate the value of entertainment.

智媒时代的公共舆论和媒介效果

网络流行语对网络公共领域的影响

张慧中[①]

【摘　要】 福柯认为,话语即权力。从公共事件衍生出的网络流行语,正是网民话语权的体现,展现了公众政治参与的诉求。本文以2010—2017年人民网舆情监测室发布的《中国互联网舆情报告》,《咬文嚼字》杂志编辑部、大型门户网站(新浪、百度、腾讯、猫扑)评选出的公共事件衍生类网络流行语为例,运用哈贝马斯的公共领域理论,分析网络流行语对网络公共领域的影响。一方面,网络流行语扩大了网民的公共参与,推动了舆情事件的发展。另一方面,网络流行语也容易引致网民的非理性表达,出现群体极化现象。本文从政府、传统媒体、新媒体意见领袖三方面提出了社会控制建议,探讨发挥网络流行语的正向功能,构建健康的网络公共领域。

【关键词】 网络流行语;公共领域;网络公共领域

一、网络公共领域

1. 公共领域

“公共领域”概念最早由20世纪50年代德国思想家汉娜·阿伦特(Hannah Arendt)提出。她在著作《人的条件》(*The Human Condition*)定义了人的三种最基本的活动:劳动、工作和行动。这三种生命活动分别对应着社会结构的三个领域:私人领域、社会领域和公共领域。汉娜·阿伦特认为劳动的目的是维持生命,人要受到自然的约束因而是不自由的;工作的目的是人类利用技术与工具创造具有“持存性人造物”的活动,受到功利因素的制约,因而也是无意义的。只有行动是人类可以自由交往的互动活动,本质上是人类的公共政治活动。与行动相对应的公共领域就成了政治活动和实践的空间,这个空间的基本功能就是培育公德,实现“人的条件”。

1961年,尤尔根·哈贝马斯(Jürgen Habermas)在《公共领域的结构转型——论资产阶级社会的类型》(*Strukturwan del der offentlichkeit*: *Untersuchungen zu einer kategorie*

---

① 山东大学国际教育学院硕士研究生。

der bürgerlichen Gesellschaft）一书进一步完善了公共领域概念。哈贝马斯认为，公共领域是介于公共权力领域和私人领域之间的社会交往空间，公众在此基础上对带有普遍利益的公共事务展开理性讨论和平等协商，最后以公共舆论的形式对抗公共权力机关，维护市民社会的整体利益。[1]187-205 简单来说，公共领域是一种沟通政治国家和市民社会的中介机制，以公共舆论的形式对国家活动进行民主监督。

哈贝马斯认为建构公共领域需要具备三个基本条件：①公众。在哈贝马斯看来，由私人组成的公众是公共领域的参与主体。公共领域必须包括全体公民，把某个特殊集团排除在外就不算是真正意义上的公共领域。[1]94 此外，公众必须具有独立的人格，能够在理性的基础上对公共事物展开讨论。②公共空间（媒介）。公共空间是公共领域的物化形式，也是公共舆论形成的前提，它既包括咖啡馆、书吧等物理空间，也包括以大众媒介为平台的虚拟空间。作为公众提供自由交流的媒介，公众空间需要响应的机制，以保障讨论的质量。③公众舆论。公共舆论是公共领域的主要产物。只有通过公共舆论，公共领域才能真正发挥其应有的功能。

2. 网络公共领域

公共领域的实现需要自由交流的媒介，网络公共领域就是传播媒介从纸质、广播电视发展到网络条件下的公共领域新形态。具体而言，网络公共领域是以网络为媒介，以网络公众为主体，以自主参与、批判、交流和监督为目的而形成公共舆论的公众领域。[2]网络媒介的特殊性也使网络公共领域具有区别于传统公共领域的新特征。我国学者郭玉锦、王欢在《网络公共领域研究》中从形式和性质两方面总结了网络公共领域的独特性。从形式上看，网络发表言论具有匿名性；话语交流场域由多元介质和自组织构成；信息跨时空传播，速度快、传播面广。从性质上看，网络公共领域自主开放，具有有限理性沟通和部分共识的特性。

二、网络流行语

网络流行语是由网民创造或由网民积极传播的，进而被多数网民认可、接受并使用的语言符号。[3]根据生成来源，网络流行语可分为聊天专属工具类、亚文化类、影视文学类、公共事件类，本文研究的网络流行语是最后一种。笔者借鉴学者徐畅的观点，将公共事件衍生类网络流行语定义为：发端于社会公共事件、与公共利益有关的、在互联网上引发公众普遍关注与讨论的语言符号。[4]

本文以2010—2017年人民网舆情监测室发布的《中国互联网舆情报告》，《咬文嚼字》杂志编辑部、大型门户网站（新浪、百度、腾讯）评选出的年度网络流行语为总样本，选取了和公共事件有关的流行语。每个评选机构选出的流行语存在交叉和区别，凡是某一机构评选出的均作为样本，确保足够的样本数量。

年度	公共事件衍生类网络流行语	样本数
2010	我爸是李刚、非常艰难的决定、我只为领导服务、洗脸死、没有强拆就没有新中国、蒜你狠、谁让你直播的、小心你的命	8
2011	不管你信不信,我反正信了、呕吐死	3
2012	表哥、表叔、干爹、我们只是泡茶的	4
2013	何弃疗、帮汪峰上头条	2
2014	且行且珍惜	1
2015	为国护盘、别惹我、天价虾、主要看气质	4
2016	一言不合就 XX、洪荒之力	2
2017	贫穷限制了我的想象力	1

三、网络流行语对网络公共领域的影响

1. 扩大网民的公众参与

公民表达是公共领域构建的第一步,也为后面的公共讨论奠定了基础。自古以来,公民的表达就受到身份的制约。古希腊罗马时期,在广场上真正发表演说的只能是被主持官、行政官和保民官选中的人,大多数公民不能表达自己的意见。18 世纪的欧洲,也只是社会上层人员,才能到咖啡馆就公共事务发表自己的意见。当代社会,大众媒介充当了公民表达的渠道。在互联网广泛使用之前,传统媒介(报纸、电视、杂志等)仍然被少数精英阶层垄断,成为国家利益集团的"喉舌"。这些掌握话语权的精英阶层并不会完全反映公民的意见,而是有选择性的表达。大多数公民失去了参政的动力,成为"沉默的大多数"。

20 世纪 70 年代以来,互联网的普及为网民提供了一个可以自由表达的公共空间。这个空间没有地域、年龄、阶层的门槛,确保了表达主体的多元化,而网络空间的匿名性特征则确保了网民敢于表达自己最真实的想法。正如美国学者埃瑟·戴森(Esther Dyson)所说,匿名是一种非常有用的机制,人们可以在把后果降至最轻微的程度的同时,肆无忌惮地发表自己的看法,并避开社会的非议。[5] 网络流行语创造的低门槛更是让"草根群体"有了话语表达的平台,在一定程度上实现了草根阶层对精英阶层话语权的挑战,传统媒体的"把关人"作用在网络空间日渐式微,公共领域的全民参与有了运作的可能性。

2. 发挥舆论监督的功能

哈贝马斯认为,公众舆论的主要功能就是对国家权力进行批评、监督甚至控制。"有些时候,公共领域说到底就是公共舆论领域,它和公共权力机关直接抗衡。"[1]94 一些有影响力的公共事件,网民通过创造戏谑或隐晦的网络流行语,表达对事件过程或处置结果的质疑、不满情绪,从而形成公共舆论,影响事件的走向,这正是网络流行语的舆论监督功能。

2009 年杭州青年男子胡某在和朋友飙车的过程中,撞死了正在过马路的谭某。西湖区

交警大队第二天下午公布了调查结果，称案发时肇事者车辆速度为70公里/小时左右。70码的车速怎么能导致飞高5米飞远20米，这一矛盾引发社会各界的质疑。通过对70码的谐音模仿，网友创造了“欺实马”这一网络流行语并迅速蹿红。强大的舆论压力让事件发生了转折，案发第三天，杭州市警方的交通肇事案鉴定报告现实，事故发生时车速为84.1公里到101.2公里之间，并就之前的70码说法向公众道歉。相似的网络流行语还有“我爸是李刚”“打酱油”“躲猫猫““楼垮垮“等，都源于民众对公共事件中官僚思想的质疑或不满。

福柯认为，话语即权力。话语既可以成为表达个人意志的权力，也可以成为掌握社会行为及规则的权力。从公共事件衍生出的网络流行语，正体现了民众对话语权的争夺。网民通过对流行语的改编及扩散，成为话语主体介入到公共事件的讨论之中。网络流行语的扩散效应很容易使网民个体的意见形成一股集成式的话语力量，从而削弱大众传播媒介构建的官方舆论场。

3. 引致网民的非理性表达

网民借助具有隐喻功能的网络流行语，在虚拟环境中，表达自己对一些社会现象的不满或倾诉个人的遭遇，从而缓解自己在现实社会中的压力，降低个体因压力集聚而报复社会的暴力行为。在这个意义上，网络流行语具有社会减压阀的作用。情绪是很容易传染的，当类似的负面情绪聚集在一起后，就很容易导致网络群体极化现象。美国学者凯斯·桑斯坦(Cass Sunstein)在《极端的人群：群体行为的心理学》(*Going to Extremes: How Like Minds Unite and Divide*)中提出了群体极化概念，社会化的个体处于群体之中，其认知、态度和行为会受到群体主流的影响，并朝着主流方向靠拢，形成群体极端主义。[6]在网络社群中，网络流行语常常以盖楼的形式扩散，出现以量取胜的态势，网友努力保持队形并非真的想要表达自己的观点，而是为了不被社群中其他人孤立，寻求一种集体归属感。

2011年24日晚，在“7·23”动车事故新闻发布会上，当时的铁道部新闻发言人王勇平，针对记者们就地掩埋车体是否是掩盖证据的质疑，他称这主要是为了抢险，“至于你信不信，我反正信了”。新闻发布会后，网上针对他个人的谩骂铺天盖地。有网友将王勇平在发布会上的视频做成恶搞动画。《新周刊》设计了一款带有铁路标志的T恤，把这句话印在了上面，并称王勇平为“逻辑帝”。网友“高铁体”在微博上发起了以“至于你信不信，我反正信了”为句式的造句大赛，并调侃说，优胜者将获得10万Q币和铁道部新闻发言人职位，至于你信不信，我反正信了。很多网友都积极响应，加入了对高铁体句式的创造性编码。[7]8月16日，铁道部宣布撤销王勇平新闻发言人的职位。作为一个新闻发言人，王勇平在公关危机处理方面有工作失误。然而，王勇平并非这起灾难事件的引起者，网友把对公共事件处置的不满都发泄到发言人身上，是有失公允的。

社会学家古斯塔夫·勒庞(Gustave Le Bon)指出群体表现出来的感情，不管好坏，很容易出现夸大化和简单化。“由于缺乏责任感，群体的感情会更加暴烈，尤其是异质群体当中。群体的人数越多，便越是肯定自己不会遭到惩罚，也由于人数众多，会一时感到自己无比强大。”“这种夸大往往会让群体态度粗暴，那种来自原始人的残余本能。”[8]在王勇平事件中，网友为民除害、抨击权力的情绪随着流行语的传播不断发酵，群体中的个人渐渐由有意识的人格变为无意识的人格。如果是对新闻事件还不了解的网民首次接触到网络流行语，很可能先入为主地对这则新闻事件或王勇平本人产生刻板印象，盲目加入到群体的批判当中，进而扩大了消极的舆论思想。

美国社会学家罗伯特·E. 帕克(Robert Ezra Park)在博士论文《群体和公众》(*The Crowd and the Public, and Qther Essays*)中，对“群体”和“公众”做了详细的区分，公众是因为议题而聚集在一起，其辩论是建立在理性基础上的；而群众的行动大多是情绪的体现，不会对相关议题形成有思考性的讨论。网络流行语传播中的极端情绪，只能说是群众的狂欢，反而干扰了社会舆情的发展，使其脱离了客观的立场，并不利于网络公共领域的形成。

四、网络流行语的社会控制

美国社会学家爱德华·A. 罗斯(Edward A. Ross)提出了社会控制理论，简单说就是对社会成员的社会行为及价值观念进行指导和约束，对各类社会关系进行调节和制约的过程。[9]从前面的分析可以看出，网络流行语有正功能也有负功能。因此，对网络流行语的社会控制不是禁止网络流行语的创造或传播，而是在肯定网络流行语扩大公民参与、舆论监督功能的基础上，避免其网络语言暴力等负功能，从而实现网络社会和现实社会的良性发展。网络流行语的社会控制，其实是一种网络空间治理。具体而言，笔者从政府、传统媒体、新媒体意见领袖三方面提出具体建议。

1. 政府：建立畅通的沟通渠道，保障公众话语权

我国正处于社会转型期，社会分化加剧，由阶层固化、房价上涨、贫富不均等社会现实带来的负面情绪不断累积，民众需要表达诉求的渠道。网络流行语作为一种隐晦的公共修辞方式，是在民间话语和官方话语的博弈过程中曲折发展的。这种话语权的博弈一方面说明网民的话语权意识不断提高，另一方面也反映了传统沟通渠道的有限性。因此，政府建立畅通的沟通渠道，用制度保障公众话语权合法化才是根本之道。我国学者郭玉锦、王欢建议建立和完善“网络发言人”制度，网络发言人是指国家、政党、社会团体制定的专职(比较小的部门为兼职)信息发布人员。其职责是日常在互联网上发布与公众利益相关的政务信息，当某一重大事件发生时，代表有关部门举行网络信息发布会，及时回应民众的疑问。[10]

2. 传统媒体：加强把关人职责，增强信息的筛选

“把关人”概念由传播学的奠基人之一库尔特·勒温(Kurt Lewin)率先提出，他认为信息在群体传播中，总是沿着含有门区的某些渠道流动，只有符合群体规范或把关人价值标准的信息内容才能进入传播的渠道。虽然微信、微博等新媒体冲击了传统媒体的主体地位，传统媒体仍然具有新媒体不可比拟的权威性和公信力，在信息传播中担任着把关人角色。在网络流行语的传播中，传统媒体的报道会促进其二次传播，增强流行语及其背后新闻事件的关注度和影响力。因此，传统媒体应加强把关人职责，严格筛选网络信息，对一些不符合语言规范或不文明的网络流行语谨慎使用，确保传播内容的真实性和趣味性。

3. 意见领袖：提升媒介素养，引导理性舆论

“意见领袖”一词最早由传播学者伊莱休·卡茨(Elihu Katz)和保罗·拉扎斯菲尔德(Paul Lazarsfield)提出。他们将在人际传播网络中有一定的社会声望，能对他人意见和选择产生影响力的人物称为“意见领袖”。在网络互动中，新媒体意见领袖的发言会更容易引起网友的共鸣。在“我爸是李刚”这则流行语的传播过程中，意见领袖从中提炼出了“富二代”“官二代”“警察”等关键词进行宣传，激化了网民的仇富心理。因此，意见领袖应提升自身的媒介素养，理性发言，对流行语传播中的一些极端情绪，及时加以疏导，指导公众进行有序的政治参与。

参考文献

[1] 哈贝马斯. 公共领域的结构转型[M]. 曹卫东，等译. 上海：学林出版社，1999.

[2] 熊威. 网络公共领域研究[M]. 北京：中国政法大学出版社，2016：3.

[3] 杨萍. 网络流行语：网民自主话语生产的文化景观[J]. 新闻前哨，2010(4)：102-104.

[4] 徐畅. 弱者抗争的“武器”：解读网络流行语的话语政治实践功能——以2008—2012年网络公共事件为例[M]新媒体与社会(第七辑). 社会科学文献社，2013：134-146.

[5] 戴森. 2.0版数字化时代的生活设计[M]. 胡泳，范海燕，译. 海口：海南出版社，1998：290.

[6] 桑斯坦. 极端的人群：群体行为的心理学[M]. 尹宏毅，郭彬彬，译. 北京：新华出版社，2010：103.

[7] 贾世煜. 原铁道部发言人王勇平退休首谈“反正我信了”[EB/OL]. (2015-11-28)[2017-03-29]. http://business.sohu.com/20151128/n428626436.shtml.

[8] 勒庞. 乌合之众：大众心理研究[M]. 马晓佳，译，杭州：浙江文艺出版社，2015：99-100.

[9] 郑杭生. 社会学概论新修[M]. 北京：中国人民大学出版社，2013：401.

[10] 郭玉锦，王欢. 网络公共领域建构研究[M]. 北京：北京邮电大学出版社，2015：243.

信息空间理论视角下的大众传播控制及其研究

刘合翔①

【摘　要】 传统的大众传播控制研究多从现象学的角度来分析传播控制的形式与效用，而对传播控制的本质——信息控制却鲜少给出简明的机理性分析。本文基于此，尝试借助马克斯·布瓦索的信息空间理论，从信息的三个维度（编码、抽象和扩散）和对其中信息流异动的观察，对大众传播的控制做了基于图示化模型的分析与阐述。文中整理了大众传播中涉及的主要信息流，描述了公众信息空间的基本形态，并对控制情境下的流言产生机制给出了基于该模型的一种解释。

【关键词】 信息空间理论；大众传播控制；信息流；公众信息空间；流言

一、引言

从英国学者马克斯·布瓦索（Max Boisot）的观点来看，信息现象的三个基本维度是编码、抽象和扩散。基于此，他创建了一套以这三个维度为基础的“信息空间理论”。本文以此理论为依据，认为传播作为一种信息现象，也应当从这三个维度来考量。而在传统的传播学研究中，更多的只研究到传播与编码的关系，认为“传播是参与主体将想法（意义）进行编码并进入传播渠道的一种行为”。[1]而作为传播内容的“抽象”这一维度要么未做考虑，要么就是被隐含地揉进了编码维度里。本文正是基于“信息空间理论”这一理论框架，将抽象这一维度重新拉回到传播学研究的基本范式中来，并尝试通过由此形成的一套图示化的模型方法来分析传播学中的有关问题。

一般认为，传播的形式可划分为：自我传播、人际传播、组织传播、群体传播和大众传播[2]等几种类型，而传播结构的基本要素可归为：传播主体、传播内容、传播媒介、传播情境和传播效果等。本文具体研究的是在大众传播中受控情境下传播内容（信息）的传播效果问题。

---

① 杭州电子科技大学数字媒体与艺术设计学院讲师。

二、文献回顾

关于“传播”，马克斯・布瓦索在其关于信息空间理论的著作中提道：“传播的能力是与抽象和编码能力密切相关的。一项难以进行编码和不适合任何一种类别或分类系统的经验说到底是不可传播的。”[3] 因而传播是有其“抽象”上的要求的。而在传播学的相关文献中却鲜有就这一维度或纳入这一维度来对传播现象进行分析和考虑的。

从传播控制的主题来看，陈卫星转述让・鲍德里亚（Jean Baudrillard）的话说：“传播不是说话，而是使人说话；信息不是知晓，而是使人得知。助动词‘使’表明这其中涉及一种操作，而不仅仅是一种行为。”[4] 这里的“使”和“操作”恰恰是“控制”动机和行为的表现。因而，从一定意义上讲，大众传播本身就是一种社会控制机制。李庆林也认为：“控制论、信息论和系统论隐含着从（信息）传播角度去认识社会的向度，因为它提示我们社会其实是一个信息控制系统。”[1] 从这个意义上来看，大众传播中的控制既是不可避免的，同时也是有其特定机制的。然而正如有些学者认为：“大众传播主要表现为施控和受控两大方面，控制分析即为传播者分析。”[5] 大众传播的控制研究往往集中在了传播主体而非传播的受体——传播的内容（信息）上。

就本文所要涉及的流言产生的机制问题，蔡静在其关于流言研究的博士论文中称：“流言的产生是一个复杂的过程，从个体认知出发，与集体无意识关联，接受社会事件触发，并和社会信息传播环境有着密切的联系。”[6] 该文同时还提出了流言的三个产生机制源：不安、不确定性和相关程度。而本文选取的是从“社会信息传播环境”和“不确定性”这两个方面来考察流言在公众信息空间中的产生机制。

三、信息空间理论

信息空间理论是英国政治经济学家马克斯・布瓦索所提出的一个用于考察社会系统内知识和信息生产与交换的概念性工具。这一理论工具虽然看起来简单，但它对社会系统中的各种信息现象至今都有着很强的解释力。它仅仅从信息的三个维度出发：编码、抽象和扩散，构建了由编码、抽象维度构成的 E（epistemology）空间，由编码、扩散维度构建的 C（culture）空间，由抽象、扩散维度构成的 U（utility）空间，以及由 E、C、U 空间统一构成的 I（information）空间，并通过这样一个三维度的框架模型来分析解释信息的生产、交换等社会经济活动。这一理论被有关经济学家认为“为信息的政治经济学提供了基本范式”。

四、研究方法

本文借助信息空间理论模型，对作为传播内容的信息从编码、抽象和扩散三个维度来进行考察并对其在这三个维度构成的“信息空间”中所形成的大众传播语境下的信息流进行社会动力学的分析。通过信息流在控制下的异动来形象化地呈现控制的功能和控制下的大众传播效果,并基于这一模型对在传播控制下的流言产生机制给出图形化的分析和解释。

值得注意的是,这里的信息空间是具体由编码、抽象和扩散三个轴所拟化的一种三维空间,而非一般语义上泛化的“信息空间”,也非相对狭义的“话语空间”。同时还需要避免混淆的一个概念是“信息环境”。在相关的定义中,信息环境既可以理解成是“由个人或群体接触可能的信息及其传播活动的总体构成的环境”。[7],也可以看作是“在与自然环境中相区别的社会环境中直接或间接地控制社会之行为方式的符号部分……主要是通过非人际关系向社会提示的环境”。[8]无论哪种理解,都与我们这里所要运用的抽象的信息空间有着显著的差异。

另外,对于控制的理解,本文所指的控制并非基于反馈的那种优化控制,而是一般意义上的,各利益方对大众传播施加的约束型控制和利用型控制以及大众媒体的自主控制。

最后,本文更多地是从动词而非名词意义上研究“大众传播”和“大众传播控制”,后文中所出现的“信息流”这一分析工具也为动态地分析本文主题提供便利。

五、信息空间理论模型下大众传播的信息流分析

基于信息空间理论,本文构建了图1中所呈现的针对大众传播来描述的信息空间,并对其在三个子空间中的动力机制给出了具体描绘,同时也为大众传播提供了一个三维的视角。

本文认为,传播既不是单单扩散维度上的行动,也不是仅由扩散与编码二维度就能完整描述的。传播作为一种社会过程,实际上是对社会认知层面上的影响,而这种社会认知不是仅通过编码就可以完成的,需要纳入抽象这一维度。为了便于更好地在大众传播的语境下理解编码与抽象,本文对这两个维度做简化的解释:编码维度上的编码程度越高,信息就越全面,模糊性就越低;而抽象维度上的抽象程度越高,信息则越脱离个别意义。

在图1中,本文认为大众传播的本质是为大众的求知求智来服务的,而这种服务则是通过图示中概化的环节和信息流来完成。需要说明的是,狭义的传播只是在媒体—大众,评论—舆论以及个案—舆论这几条“大众化”的信息流中发生。而广义的传播则还需要包括为了达到最后的“大众化”而事先所做的素材采集(个人—记者、记者—媒体、个人—媒体)和分析加工(个案—分析、分析—评论)环节的信息流。

从图1中我们可以看到,“大众化”是伴随着解码(与编码相反方向)和具象(与抽象相反方向)过程的。在这个过程中,传播内容的编码程度(详度)和抽象程度(深度)被相当程度地缩减以适应大众的信息接纳水平。然而这并不意味着在此之前的求详求深的调查与分析就没有意义,相反,要使大众得到虽然简化浅化但却正是本质的信息,这一努力必不可少。

值得留意的是,在这一模型下个人—媒体和个案—舆论本不是传统社会中容易形成的

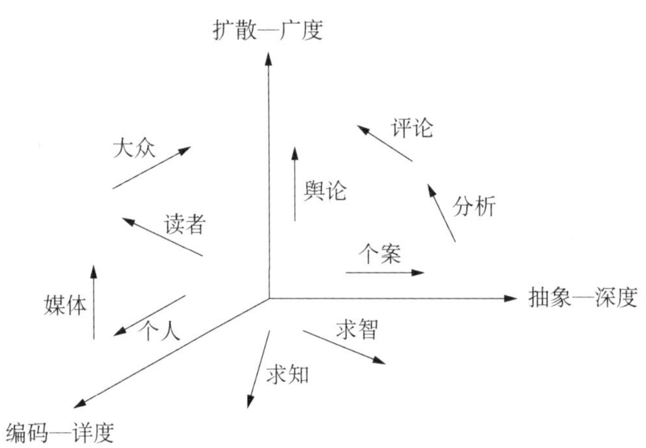

图1　信息空间视角下的大众传播

信息流模式，然而在今天的网络信息时代，手机网络和互联网已经可以使个人与媒体间直接形成信息流了，因而这两条信息流也被纳入到了本文的观察视角中来。

另外，也请读者对图中的每一条信息流，结合其对应的维度上的变化来考察其实际的含义。例如，媒体在对一条信息做“大众化”的额外努力前，它只是对从个人或记者而来的信息做了登载，因而只是一般程度的扩散。再例如，记者在向媒体提供信息时实际上大多对信息的编码程度已做了一定程度的降低处理。

六、大众传播控制在信息空间中的表示

从总体上来讲，大众媒介是致力于信息公开传播的。然而媒介作为社会组织，其自身处在国家、社会和市场的三重关系中，就不得不考虑到现实的利益与制约。正所谓：传播不是在真空中进行的。只要传播是间接的(大众传播的基本特性)，权力和利益的介入就不可避免，而这种介入就形成了我们所说的“控制”。

在本文看来，大众传播的控制实际上可分为媒体自身主动地“把关”和外界影响下的被动控制两个方面。就前者而言，大众媒体之所以选择自主控制，大多是基于自身运营的需要，而独立形成了一套作为一种组织行为的把关机制。这种把关机制概括来说，就是媒体基于自身的既定立场、方针、标准和利益，对信息在价值判断与价值观判断下所做的筛选及传播力度的选择。

而就后者来说，外界的影响所形成的被动控制可以来自政府、利益集团乃至社会文化。国家行政方面对大众传播控制的形式，徐亚英总结为以下几类：①规定传媒组织的所有制形式；②对传播媒介活动进行法制和行政管理；③限制或禁止某些信息内容的传播；④对传播事业的发展制定总体规划或实行国家援助。[5]而具体落实到操作层面上，控制则通常是其运用信息权力的几种形式：信息封锁、信息干扰及信息诱导。与此对应的，利益集团所采

取的控制形式往往包括：创建或直接投资大众媒介，通过影响行政力量干预传播活动，通过广告、赞助间接控制媒介等。而社会文化的控制则是源于当时主导的意见气候，以及多数对少数，优势对劣势，主流对非主流所形成的舆论上的压力。稍做归结，可以认为，在上述外界影响下的大众媒体在被动情形下所采取的控制形式包括：模糊化、个案化、失声、去除、删节、篡改及宣扬等。

为能够更好地理解上述的控制问题，这里把控制放到了信息空间模型中来观察。基于对图 1 中各信息流中环节说明的简化，我们可以得到图 2。

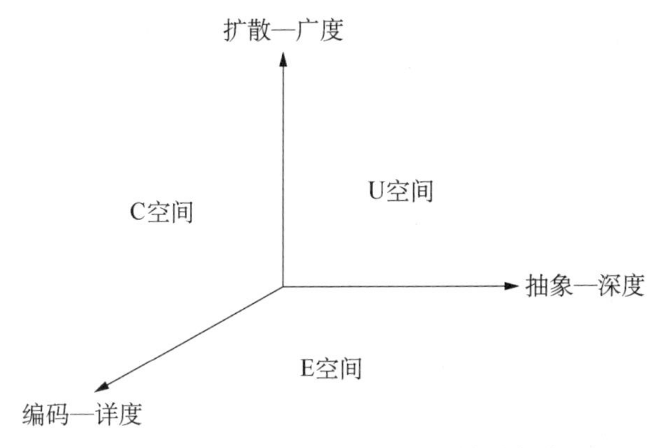

图 2　受控环境与未受控环境下的信息流

图 2 中由虚线所构建的立方体在这里可以理解为理想状况下大众的信息空间。它代表着在人类特定阶段大众所能达到的有关信息的详度、深度和广度的最大边界。图 2 中点箭线则表征的是未受控环境（仅有媒体的自主把关）下的信息流向，而由实箭线所表征的信息流是现实受控环境（本图中只考虑了约束型控制）下的信息的实际流向。

可以看到，与未受控相比，受控环境下，媒体在将信息"大众化"之前做了明显刻意的"处理"：将信息的编码程度、抽象程度和扩散程度做一定程度的克抑，从而偏离原本只是出于媒体自身偏好和态度所做的筛选尺度，并且偏离媒体原本可达到的信息扩散水平。这时的"控制"就有了具象上的表现：使媒体自身选择的信息路径发生向内侧的偏移。这样的偏移使得大众所能获知和了解的相关信息的详度、深度以及广度较之未受控前更小，从而起到其对具体信息进行有意控制的效果。

与此相对，利用型的控制（图 2 中未做具体描绘），若以同样的方式来考察就会发现：信息的详度和深度同样会受到一定程度的抑制，而"大众化"功能的信息流较之未受控环境下则会更加"陡峭"地加以扩散。其具体效果将在下面图 3 的分析中展现。

七、公众信息空间的受控与流言的产生

基于前面的模型分析，我们可以绘制各种控制环境下的公众信息空间，如图 3 所示。异

于图 2 中理想化的公众信息空间，现实的公众信息空间是图 3 中所呈现的几类带有曲面的空间。其中粗实线代表的是外界约束型控制下的公众信息空间；细实线所勾勒的是外界利用型控制下的公众信息空间；而点线所勾勒的同样带有曲面的空间则是只有媒体自主控制下的公众信息空间。通过这几个公众信息空间的对比，以及图 3 中的灰色宽箭头所示，我们就可以从一种新的视角来理解大众传播控制下的直观的社会效应——公众信息空间的扭变。

涉及本文拟做分析的关于流言产生的机制问题，首先需要厘清的是流言与谣言的区别。较为广泛接受的一种观点是："流言是未提出任何信得过的确切的依据，而人们相互传播的一种特定的信息……流言和谣言有些不同，谣言是恶意的攻击，是谣言制造者故意捏造、散布的假消息。两者的区别在于动机不同。"[9] 因而本文所阐述的流言将并不涉及不良动机的考量。

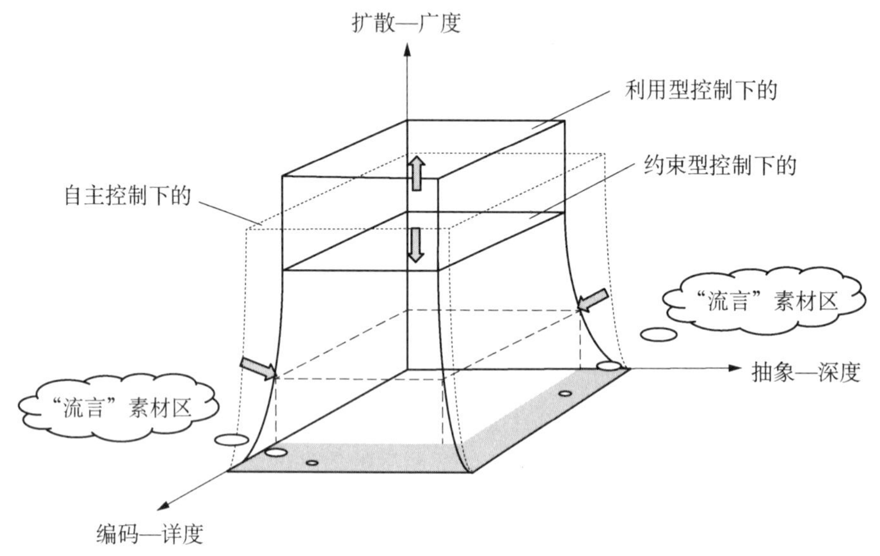

图 3　公众的信息空间及流言素材区

李庆林认为："流言作为一种大众话语形式，虽然有非理性的成分，但其背后深刻的原因却要从社会的深层结构中去寻找。"[2] 而这一深层结构从很大程度上取决于社会的传播控制结构。

在沉默的螺旋假设中，舆论与其说是"公众的意见"不如说是"公开的意见"。然而往往沉默的并不沉默，而是另外一种方式——"流言"作为螺旋之外的声音渗入公众的信息空间。这时候就会出现同一事件在同一时间出现了多个版本解释的情况。"媒介信息尽管以'真实、迅速、充分'来自我要求，但始终是经过机构'过滤'的；而流言信息的最重要特点是人们'欲知而未知'。"[6]

这种"欲知而未知"反映到上面所描述的公众信息空间就是图 3 中灰色的区域：通过关注外界控制在编码维度和抽象维度上具体施加的约束点，我们可以把该点投射到信息空间底部的认知区域并做连线，图 3 中底部最大边之间构成的灰色区域就是本文所认为的“流言”的素材区。很明显，在这一区域内有大部分的公众欲知（因为大众媒体在不受外控时会加以探求）而未知的内容，于是就构成了流言产生的基本要素。图 3 中公众信息空间中虚线面对应的扩散维度上的高度即是灰色认知区域所能小众传播的范围。

基于以上的模型，我们就可以通过这样一种图形逻辑来分析和解释大众传播控制下流言的产生机理。我们已经知道，流言的产生是由多因素所造成的，但或许是大众传播在受到控制的情境下所带来的信息不完全构成了其最重要的原因。蔡静在其论文中指出，“社会层面上迅速力图把流言消灭在萌芽状态，最根本的办法是信息的及时、全面和真实”。[6]

另外，随着科学与技术的进步，公众的认知能力不断提高，大众 E 空间的疆域将会不断扩大，而受控的公众 E 空间也应相应地扩展，否则就会导致流言的素材区域越来越大，造成流言的横行，而最终威胁到社会的良性运转。

八、结论

恩格斯曾严厉批评了奥地利专制的当权者以类似为了社会安定的“理由”而对信息进行严格筛选的行为。本文认为源自外界的对大众传播的干预和控制实际上从很大程度上对公众信息空间的扩展形成了制约，而信息空间扩展是人类发展的趋势，因此与此趋势相悖的过度传播控制应当慎行，本文中所做的流言产生机理分析也为这一论点提供了注脚。

本文的几大工作在于：①在传播研究中引入抽象维度；②基于信息流将大众传播的“控制”形象化；③用信息空间来图形化思考和解释有关的大众传播问题。本文的研究并不尝试对相关传播学现象给出“完美”描述或解释，例如，本文对传播中信息的时效性维度就未做出探讨，但本文仍不失为分析研究传播问题提供了一种新的角度。

参考文献

[1] 李庆林. 社会是如何可能的：一种基于传播的理解[J]. 广西大学学报（哲学社会科学版），2008(10)：116-119.

[2] 李庆林. 皇权专制的建构和叙事——论帝制中国的话语和传播方式[D]. 北京：中国传媒大学，2006.

[3] 布瓦索. 信息空间——认识组织、制度和文化的一种框架[M]. 王寅通，译. 上海：上海译文出版社，2007：130.

[4] 陈卫星. 传播的观念[M]. 北京：人民出版社，2004：360.

[5] 徐亚英. 大众传播控制分析[J]. 长春教育学院学报，2004(6)：8-9.

[6] 蔡静. 流言：阴影中的社会传播[D]. 上海：复旦大学，2006.

[7] 郭庆光. 大众传播、信息环境与社会控制——从“沉默的螺旋”假说谈起[J]. 新闻与传播研究，1995(3)：33-38.

[8] 内川芳美. 信息与社会[M]. 东京：东京大学出版会，1974：155.

[9] 时蓉华. 社会心理学[M]. 上海：上海人民出版社，1986：216.

社交媒体时代的舆论特点

张奕民[①]

【摘　要】 社交媒体的诞生与发展引发了新闻传播领域的巨大变革，对于互联网时代的“舆论”走向产生了深远的影响。本文从新闻传播学、计算科学和文化心理学的视角研究社交媒体时代的舆论特点，分析了中国社交媒体舆论的传播环境，考察社交媒体环境和舆论的关系，并归纳了社交媒体的舆论传播规律。同时，社交媒体的舆论扩散呈现戏谑化话语风格、碎片化分布格局、反思化社会意见，以及隐匿化潜在风险特征。最后针对分析而得的社交媒体舆论特征及演变提出了相应的舆论引导建议。

【关键词】 社交媒体；舆论特点；舆论形态

随着互联网的普及和信息技术的不断发展，中国的网民数量激增。中国互联网络信息中心(CNNIC)发布的第40次《中国互联网络发展状况统计报告》显示，截至2017年6月，中国网民规模达到7.51亿，占全球网民总数的五分之一，互联网普及率为54.3%，即时通信、搜索引擎、网络新闻是使用频率最高的互联网应用。[1]互联网的广泛渗透使得社会化的互联网不断发展和成熟，由此带来社交媒体的方兴未艾。

社交媒体(social media)是基于社会网络的一种信息扩散，是新媒体Web 2.0时代传播的基本形态。从用户和社交媒体的关系来看，社交媒体是个体与个体、个体与社群沟通的社交工具，是面向定向或者不定向社群传播信息的中介媒体，是汇集个人与社群的社交平台。同时，社交媒体也具有其他衍生性社交功能，比如募捐等。与传统媒体相比，社交媒体已经在传播渠道、传播形态、传播模式等方面形成了新的力量，更具活力和竞争力，对整个社会的新闻生产与传播环境、交流方式、舆论行为等都有重大影响。本文对社交媒体背景下的舆论特点进行讨论，着重于研究中国兼顾社交性和媒体性的平台，如微博、微信等，不包括潮流文化娱乐社区，如B站等。

“舆论”是新闻传播领域讨论的热点问题。近年来，关于“舆情”的预测和监控也受到了广泛关注。在概念辨析中，一般认为，“舆论”更关注传播学变化方面，而“舆情”则更关注社会学、政治学变化方面。[2]杨斌艳从词源分析后认为，舆情更贴近于民意，是从普通民众中

---

① 上海交通大学媒体与传播学院硕士研究生。

挖掘的意见和声音，而舆论更多地被视为媒体机构、媒体组织的意见和声音。但是，两者在使用中常常会有含义的混淆和词语的混用。[3]尤其在“万物互联”的时代，这一现象更为明显。本文基于社交媒体的背景进行舆论剖析，将基于互联网的民众自生产内容视为舆论存在的一种形态，对社交媒体的舆论范畴研究既包括网民的个体/群体声音，也包括发布于社交媒体的媒体组织机构声音。

一、文献综述

社交媒体的蓬勃发展催生了诸多舆情事件。在关于社交媒体和舆论关系特点的文献梳理中，主要可以分为网络舆论特点与引导研究及基于社交媒体舆论的微观分析两个方面。

在网络舆论特点与引导研究方面，赵静娴、关雅针[4]认为移动社交媒体的舆论传播特点有移动社交媒体舆论同步化、舆论主题全民化和舆论话题颗粒化，建立各类媒体的联动机制和舆论引导的快速反应机制非常重要。张武桥[5]使用理论研究、案例研究等方法认为，要从完善网络管理领导体制、健全网民政治参与制度、推进网络安全审查等方面予以重点引导，并加强网络媒体监管机制等。王秋菊[6]分析了后真相时代的舆论特点，认为主体的转变使得舆论更具突发性、动态性；由于观点先于事实，舆论的情感诉求重于理性讨论；热点议题转化速度加快。Yang[7]等人考察了郭美美事件引发的社会中介危机，发现中国红十字会的议程没有影响网络舆论的显著性，从而拓展了因素研究。

在对社交媒体舆论的微观分析中，周巍[8]将意见领袖作为信息传播的研究节点，通过信息科学和统计学判断影响力传播的信息路径，所建立的微博平台意见领袖影响力模型认为微博舆论构成的基本要素为微博舆论主体、客体、自身、数量、强度、持续性、功能表现、质量、行动导向。杨梦然[9]对个体在社会公共议题讨论中的消解性与娱乐化进行阐释，以微博等三类社交媒体的意见表达机制与个体的应对策略为例，发现个体关注领域的差异以及社交媒体空间本身的架构使得“沉默的螺旋”现象依旧得以维系。何明敏[10]以“江歌案”为例，通过个案分析和话语分析研究了中国舆论的“公众同情”问题，并对这种理性的社会批判力量持积极态度。刘迪[11]认为社交媒体公共事件舆情演化是由社会环境、公众心理动因以及媒介作用等方面共同推动的，演化过程可以分为潜伏期、舆论场形成期、影响力形成期、消退期。

综上所述，虽然网络舆论是热点研究问题，但是缺少对于“社交媒体”环境中舆论特点的宏观阐述，尤其是缺乏计算科学维度的说明。

二、社交媒体的舆论传播环境

社交媒体的舆论传播环境，是指作用于社交媒体舆论传播方式和舆论传播效果的各种社会因素的综合。在传统的一般传播模式中，渠道（发行队伍）连接传者、内容和受众；而在新媒体时代，社交网络连接起各用户和内容（UGC），社交媒体成为个人、社群的放大器，社交平台成为舆论传播的主场。王松、王卉和杨根福认为网络传播离不开技术、信息、受众和舆论环境的相互作用，[12]从考察舆论特点的角度而言，受众环境和舆论环境共同构成了用户在社交媒体平台作为受众接受信息和作为发布者制造舆论的功能，在研究中将社交媒体的舆论传播环境归纳为技术环境、信息环境和用户环境。

1. 社交媒体舆论的技术环境

社交媒体的技术环境是舆论传播的技术支撑。在信息时代，承载信息和社交媒体架构的科学技术方法不断发展，从代码到算法，从大数据到人工智能，有三个原则可作为社交媒体营造良好舆论传播氛围的基础。

第一，安全性利于舆论生成。社交媒体承载了用户的大量个人资料、账号密码，保证用户账号身份的安全，防止黑客对用户的信息盗用和对社交媒体平台的攻击，才能让用户放心地使用社交媒体并发表言论。个人隐私保护的技术伦理问题直接影响着社交媒体的舆论生命力。

第二，稳定性促进舆论传播。社交媒体的技术必须为系统提供稳定的架构和防崩卡措施，以保障舆论的畅通。正如电视兴起伊始，传输技术的稳定性被视作电视普及的重要因素，作为新媒介的社交媒体，稳定的交互环境为舆论传播构建了重要的技术空间。

第三，动态性加速舆论变革。社交媒体的舆论形式多样，只有保障同一时间不同用户界面的可操作性和完备的选择形式（文字、图片、音频、视频、小程序等），才能保证舆论呈现形式的丰富性和有效性。此外，随着计算机科学技术的日新月异，社交媒体设计架构也在随技术变迁而变化发展，深刻地影响着舆论的形成方式与扩散。

2. 社交媒体舆论的信息环境

信息环境是指社交媒体舆论传播中的信息运动情况，就其规则考察，主要包括舆论信息传播模式和舆论信息形态两个方面，一方面从社交媒体出发，分析不同的社交媒体对舆论信息的作用和影响；另一方面从舆论特性出发，研究舆论信息形态如何塑造社交媒体的信息环境。

在舆论信息传播模式方面，不同类型的社交媒体有不同的特点，从社交性程度不同的角度予以分类，归纳如表 1 所示：

表 1　社交媒体与舆论信息传播模式特点

社交媒体类型	信息环境与舆论关系特点	典型社交媒体代表
完全社交媒体	可以建立社交网络平台，主要承载 UGC 内容	微博、微信
准社交媒体	不能任意建立社交关系网络，主要承载 UGC 内容	知乎、豆瓣、论坛
具有社交媒体功能的其他平台	较难建立社交关系，以其他功能为主兼有社交模块，主要承载交互数据	淘宝评论

在舆论存在的形态方面，一般来说，舆论有潜舆论、显舆论、行为舆论等三种存在形态。潜舆论是指存在于特定事件之前的公众对社会事物的既有情绪和意见，显舆论是指事件爆发后得到公开表达的各种意见，行为舆论是以行动作表征的意见。[13]舆论广泛地存在于媒介之中，结合社交媒体特性分析舆论形态表现，通过更为直观的呈现形式可以归纳出三种舆论形态时间的交集，如潜舆论表达更加公开显性、行为舆论的情绪显性表达等。归结如表 2 所示：

表 2　社交媒体与舆论形态

舆论形态	呈 现 形 式	交集
潜舆论	代表情绪、情感、态度	潜舆论表达更加公开显性 显舆论内涵形式更加复杂 行为舆论的情绪显性表达 部分潜舆论的隐匿性
显舆论	文字、图片、表情、音频、(长/短)视频等	
行为舆论	点赞、评论、转发等	

3. 社交媒体舆论的用户环境

在社交媒体时代，用户环境有了很大变化，集中传者环境与受者环境，用户交流空间在社交媒体影响下呈现出很多特点，并对舆论产生综合影响。

第一，用户的地位更加中心化，用户情绪左右舆论。在社交媒体的 UGC 时代，传者和受者之间相互影响，界限日益不明晰，舆论的形成来自传者或受者的言论行为以及相互作用。用户数和活跃度作为社交媒体流量指标的关键因素，进一步推动了社交媒体用户地位的中心化，在事实真相之前，用户情绪带动了舆论的发展方向。

第二，用户的行为更加多元化，舆论引爆点多样。社交媒体中，个体用户的行为非常丰富，包括内容生产行为(写文、配图)、扩散行为(自我发布、分享等)、社群行为(参与和组织各类社群)、其他行为(慈善、众筹、打赏)等。多元的用户行为使得舆论的发酵和传播具有更多的可能性，比如表情包的斗图行为，就可以引发明星粉丝间的网络冲突。

第三，用户的意见更为放大化，使舆情产生明显的反转性峰值波动。用户意见的和谐、对立与冲突在社交媒体上会引发轩然大波，吸引"吃瓜群众"式的看客围观，有时是声势浩大的舆论诉求，有时则演变为网络暴力事件，这种环境使得舆论的效果有两极化的趋势，具有复杂性，更使得"沉默的螺旋"现象加剧。在无客观引导环境中，后真相时代的舆论反转事件显著增加。

三、社交媒体的舆论传播规律

社交媒体的舆论特点受到各种外在因素的影响，继而呈现出一定的内在传播规律，从舆论传播的形式特征和内容效果进行分析，可以分为舆论传播强度和舆论观点演化两个方面。

1. 社交媒体的舆论传播强度

社交媒体是一种裂变传播，以几何级的传播形态进行传播。互联网的各个节点汇聚成社交网络节点，节点间的互动关系影响着社交媒体舆论传播的强度。

使舆论传播强度增加的关键节点包括三类：最初信源发布、官方媒体机构发布、熟悉事件的“当事人”发布，可以影响舆论方向，推动舆论发展。在这些关键节点的舆论性动员可以吸引更大规模的网民舆论，存在“幂律分布”特点，得到80%的关注互动。从社交网络原理来看，Holme-Kim(HK)模型是较早的一种具有聚类效应的无标度小世界网络，也是具有代表性的高聚类系数的无标度小世界模型。HK模型和Barabási-Albert(BA)模型一样，具有平均最短路径和幂律分布，而且具有较大的聚类系数。

另外影响舆论传播强度的是节点强力，一个社交媒体账户拥有的粉丝量越多，被评价的可信度越高，发布宣传力度越大，影响范围就越大、越深刻。在社交网络组成的圈层关系中，舆论在节点间的传递会在圈子中流动和扩散。根据社交网络理论，无标度网络的最大特点是增长和择优，这表现为成员的舆论传播能力，即所谓的传播面。对于整个事件的局域网络，某些节点连接的边数越多，在择优过程中被关注的可能性越大，舆论传播能力越强。[12]117

2. 社交媒体的舆论观点演化

社交媒体的舆论有一个逐步演化的过程。在传播的源头，当网络的某一事件被一部分人关注后，会吸引更多的人去关注。事件产生后，关注到该事件的人会在自己的朋友圈或社交圈内议论或者告知熟悉的朋友，从强关系链传递到弱关系链，形成舆论小圈子。同时，不同节点的朋友仍然会寻找并且关注事件的源头。

虽然社交媒体传播的即时性、开放性、自主性、交互性等特征降低了对传播表达自由的限制，但也带来“谣言”“水军”等问题。社交媒体具有的广告、流量等商业气息构建起可交易的社群和节点，使得社交媒体上的舆论具有易操控性，易受到水军的攻击，使得舆论观点的演化过程更为复杂。

从观点和演化周期来看，由于社交媒体的信息非常多元，舆论的观点也层出不穷，舆论在社交媒体中常常会派生出与之相关的子观点。在中国，媒体机构的观点往往比较官方、统一、积极，促进正能量话题观点的扩散，这些正面信息也会对个体观点产生影响。当然，媒体机构也会通过网民的反馈予以一定的观点和态度调整。个人的观点既可以随着事态的发展和真相的揭露而发展或改变(比如“上海姑娘吐槽江西年夜饭”假新闻)，也可以派生出其他相关话题。一般子观点越多，演化周期会越长，话题发酵空间越大。

四、社交媒体的舆论扩散呈现

在社交媒体平台，舆论的扩散具有一定的规律，并且与社会文化、社会心理等相结合产生独特的舆论话语风格、舆论媒介分布等。其扩散呈现有以下特征：

1. 戏谑化的舆论话语风格

网络舆论具有匿名化特征，伴随着社交媒体使用的低龄化趋势，舆论的话语风格彰显出戏谑性和恶搞性。比如网络流行语“扎心了，老铁”“蓝瘦，香菇”“小拳拳捶胸口”等，带有娱乐化意味，是一种情绪宣泄的方式。在青年亚文化的影响下，舆论用语更加“颠覆”主流传统，表情包的“加盟”更使得鬼畜文化、叛逆文化的符号消费走红。这种舆论话语体系风格既是一种特殊的时代文化和丰富的话语景观，也是一种狂欢化的表演，甚至有时会走向“低俗”的极端，引起舆论治理的关注。

2. 碎片化的舆论分布格局

当前社会上有很多社交媒体——除了颇具影响力的社交平台如微信、新浪微博、知乎、豆瓣等，更有不少社交媒体 APP 成为流量“新秀”，如抖音、梨视频等。由各类社交媒体组成的舆论聚集平台层出不穷，由此产生了依托不同社交媒体的碎片化的舆论分布格局。有的舆论分布偏向于公共广场式，比如微博和知乎；有的舆论分布偏向于稠密网络的涟漪式，比如微信。同一事件在不同的社交平台会产生不同的舆论效果。当少数人的主观意见逐渐转变为公众意见后，碎片化的舆论会具有社交媒体的平台差异，也可能会因为各种社交媒体舆论信息的交叉化扩散与表达而呈现出趋同。越具有影响力的社交媒体，碎片的面积越大，承载的用户活跃舆论越多。

3. 反思化的舆论社会意见

社交媒体的舆论参与阶层广泛，在复杂的舆论信息中，经常存在反转的情况。从舆论发挥社会意见的效能来看，整体舆论的特点是呈现反思化的趋势。一方面，在“人人都能生产新闻”“人人都能展开爆料”“人人都能发表看法”的背景下，不实信息自身会引发舆论的关注和思考；另一方面，舆论对于社会问题的关注常常角度多元，更具有反思化的启迪效果。

在社交媒体平台充分地讨论之后，网民对于社会的舆论意见整体上是趋向于对事件的反省，对问题解决的推动，乃至对于社会制度的反思。比如 2015 年，唐山男子赵勇的父亲遭遇车祸，肇事司机黄淑芬多年来既未主动承担医疗费，也没有真诚道歉，直至法院下达赔偿交通事故的各项损失 85 万余元的判决通知书，黄淑芬还以耍赖的方式拒绝，在视频曝光后引发舆论哗然，推进了法院对黄淑芬一审获刑 8 个月的判罚。网民在表达气愤之余也阐述了对于整个社会风气和法院判决执行力的思考。

4. 隐匿化的舆论潜在风险

社交媒体的舆论既有反思化、提供社会建议的一面，也有隐匿化，具有潜在危机风险的另一面。社交媒体的民间舆论场存在很多非理性现象，比如谣言、戾气、网络暴力、群体极化等，在算法推荐社交平台机制和圈层互粉用户交流机制的促进下，信息茧房效应突出，越来越多的社交媒体用户只关注信息是否能满足个人的情绪、偏好，真相和理性的重要性退居于后，极易引发潜在舆论风险。比如“山东疫苗案”发生后，社会恐慌情绪弥漫。在社交媒体上，一些民众的恐慌情绪可能被利用，制造社会矛盾，引发社会危机。

此外，舆情反转现象的频繁出现，官方媒体信息发布的滞后和公信力的降低也容易使社交媒体用户陷入一种虚无状态，转而去联结境外舆论寻求所谓的“真相”和“纠偏”。隐匿化的、猜测式的、“各抒己见”式的舆论，常常从心理上埋下“潜舆论”危机的种子，进而影响之后的舆论扩散与呈现。

五、社交媒体的舆论引导建议

社交媒体具有很强的社会动员能力，是舆论的“扩音器”。加强社交媒体的舆论引导策略对于社交媒体清朗舆论空间的形成非常重要。本文结合社交媒体时代的舆论特点提出如下建议：

第一，注意舆论规制的边界。社交媒体舆论引导首要关注的问题应当是哪些舆论需要得到治理。社交媒体舆论的引导治理规制必须顾及多样性话语的共处与兼容，尊重各种文化的交流(主流价值观、青年亚文化等)，既有对文明表达的追求，也有对可接受性戏谑表达的包容。

第二，应使社交媒体重塑“把关人”功能。在互联网时代，“把关人”不再是传统主流媒体的专利，更成为社交媒体平台的一种责任。在舆论引导中，社交媒体首先要注意过滤和警惕不实信息和有害信息，让用户的预存立场更加积极，进而促进舆论表达意愿的积极情绪。其次，社交媒体要注重舆论传播中的“拐点”，即舆情热度发生较大变动的时间点，把握舆论动向，关注衍生和次生事件，配合做好应急工作。最后，社交媒体的舆论引导目标应当是促进舆论成长的价值产生，比如“维基百科”这样的众包模式贡献出知识价值等。

第三，运用社交媒体要注重舆论引导技巧，与时俱进，进行观念、内容、方法的创新。从舆论传播机制来看，在舆论生产阶段，需要增进主动议题的设置和意见领袖的培养；在舆论传播过程中，要注重通过集中民智和体现民意来放大主流舆论，提高主流价值观的传播能力，做好舆论的吸纳；对于负面的舆论情绪，要做好舆论的干预，从社会舆论、社会心态和社会结构的相互关联等方面深入挖掘负面表达动因，重视舆论需求和差异化传播特点，强化服务意识，对问题予以有效的引导与解决。

参考文献

[1] 毕彤彤. 报告：中国网民规模达7.51亿人数最多的是这群人[EB/OL]. (2017-08-04)[2018-03-21]. http://finance.sina.com.cn/roll/2017-08-04/doc-ifyiswpt5333906.shtml.

[2] 王来华. “舆情”问题研究论略[J]. 天津社会科学，2004(02)：78-81.

[3] 杨斌艳. 舆情、舆论、民意：词的定义与变迁[J]. 新闻与传播研究，2014，21(12)：112-118.

[4] 赵静娴，关雅针. 移动社交网络中舆论引导机理研究[J]. 情报探索，2016(05)：19-22.

[5] 张武桥. 网络舆论引导体制机制研究[D]. 武汉：华中师范大学，2016.

[6] 王秋菊. 后真相时代的舆论特点、引导难点及建议[J]. 青年记者，2017(16)：22-24.

[7] Cheng Y, Huang Y, Chan C M. Public relations, media coverage, and public opinion in contemporary China: Testing agenda building theory in a social mediated crisis [J]. Telematics and Informatics, 2017, 34(3): 765-773.

[8] 周巍. 数字媒体时代的意见领袖研究[D]. 上海：复旦大学，2013.

[9] 杨梦然. 社交媒体中公共议题讨论与“沉默的螺旋”[D]. 长春：吉林大学，2016.

[10] 何明敏. “公众同情”在中国新媒体舆论中的建构、原因与影响[D]. 济南：山东大学，2018.

[11] 刘迪. 社交媒体公共事件舆情演化机制研究[D]. 济南：山东师范大学，2018.

[12] 王松，王卉，杨根福. 互联网时代媒介生态创新研究：内容、群体与舆论[M]. 上海：上海交通大学出版社，2017：133.
[13] 陈力丹. 舆论学：舆论学导向研究[M]. 上海：上海交通大学出版社，2012：33.

微博中“理想瘦”形象的接触对女大学生自我身体意象的影响研究

周 荔[①]

【摘　要】 信息化时代，各式各样的媒介所传递的信息可谓无孔不入，持续广泛地影响着人们的生活。对于女性而言，媒介中“瘦”的形象正在改变着她们的审美价值与自我要求，众多学者对此话题展开研究。本研究基于前人的研究，进一步探究以“微博”为代表的新媒体环境中“理想瘦”形象的接触对于女大学生的自我身体意象的影响，弥补了在新媒体领域的研究空白，并丰富了该研究议题中“理想瘦”形象与自我身体意象的内涵，对于之后的研究有一定理论贡献。

【关键词】 “理想瘦”形象；自我身体意象；媒介效果；社会比较

一、引言

“瘦”是当代女性审美体系中一个重要的评判标准，现代女性常常用“瘦”来严格要求自己的外形，而媒介在这一过程中起到了催化的作用。当今媒介中的女性身体形象正在变得越来越纤细，由于媒体人物经常被视作成功的象征和社会青睐的标准，她们塑造了一类“理想瘦”的形象，媒体对这种形象的过度宣扬与女性的实际体形之间的落差使女性面临着比以往更大的变瘦的社会压力。

女性是否受到大众媒介中的“理想瘦”影响一直是学者们关注的焦点。过往的一部分研究发现，如果女性大量接触这类媒介，并将自我身体形象与媒体中的女性进行对比，那么她们的“身体不满意度”(body dissatisfaction)也会提高，并引发进食障碍(eating disorders)等一系列负面情绪与行为。

对于“理想瘦”形象的传播而言，除了传统的大众媒介之外，社交媒体的力量也不可小觑。新浪微博(后文简称“微博”)数据中心 2017 年 12 月发布的《2017 微博用户发展报告》显示，截至 2017 年 9 月，微博月活跃用户为 3.76 亿，与 2016 年同期相比增长 27%，其中移

---

① 上海交通大学媒体与传播学院硕士研究生。

动端占比达 92%；日活跃用户达到 1.65 亿，较 2006 年同期增长 25%[1]。以微博为代表的新媒体应用已经成为当下重要的话语平台和传播平台。微博平台的女性用户热衷于发布或是转发个人形象的图片，再加上平台上信息的频繁流动，用户接触到“理想瘦”女性形象的概率不断增高，女性也较容易受到其影响。

基于此，本文将着力于研究新媒体环境下媒介中的形象对于女性自我身体意象的影响效果与具体传播机制，以及不同女性形象带来的影响差异。在理论方面，本研究融合传播学和心理学理论，在过往研究的基础上将情境拓展到国内新媒体，对前人的成果有所补充与深化；在实践方面对媒介该如何正确引导女性理性健康地看待自己的身体，合理节制地降低体重、改造体型提出建议，因此本文具备理论与现实的双重意义。

二、文献综述

1. 基本概念——“理想瘦”“身体意象”

在社会心理学领域，身体意象（body image）的概念由神经病学家保罗・席尔德（Paul Schilder）提出，被定义为“在我们意识中形成的身体的图画”，它包括了对身体的生理心理功能的认知、态度（如情感、评价），以及对行为的影响[2]。学者们的研究大多集中于消极身体意象的研究，也就是个体对自我身体意象产生的不满意情绪，对身体意象的消极评价并由此产生的负面情绪体验。理想瘦（ideal thin）的概念由 Hendirks A 和 Burgoon M 提出，是当今社会文化中存在的一种以瘦为美的观念[3]，Sanz A B 等认为电视、杂志、电影、广告牌等媒介所传播的“理想瘦”形象是被扭曲的，是一般女性无法达到的[4]。

2. “理想瘦”形象对女性身体意象的影响结果研究——具有多样性

大部分西方学者的研究证明大众媒介中的“理想瘦”形象会对女性身体意象造成消极影响，造成身体不满意度的上升，或是引发低自尊情绪和进食障碍行为。也有研究者发现，“理想瘦”形象的接触不仅会导致消极身体意象，有时改变一些条件，还会导致积极的身体意象，或是造成更复杂的心理反应。如 Groesz L M，Levine M P 和 Murnen S K 发现，当“理想瘦”形象的刺激源个数增加时，接触这些形象对于消极身体意象的产生被削弱了[5]。

3. “理想瘦”形象对女性身体意象的具体影响机制研究——以社会比较为中介机制

许多学者研究“理想瘦”形象影响女性身体意象的影响机制，探讨有哪些因素参与影响过程。Tiggemann M 和 Slater A 认为“社会比较的过程可能会导致媒体图像引发负面影响的机制”[6]，Tantleff-Dunn S 和 Gokee J L 发现当女性在评估自己的吸引力时将自己与“理想瘦”的媒体人物进行比较，而不能匹配出身体相似点，就可能产生对身体形象的不满[7]。

4. 过往研究的不足

对文献进行检索和整理后发现：①目前该领域的研究大多集中在西方，中国国内对该领域的研究较少。②研究情境较为单一，基本都聚焦在传统媒体中的女性形象对于女性受众的身体满意度的影响，没有将时下最新兴的社交媒体划入研究范畴。③关于影响机制中非常重要的一环——“社会比较心理”在整个影响机制中发挥的中介效应的探讨还不够充分。④媒介接触的测量停留在接触频率上，而没有分析接触内容，包括对于媒介对“理想瘦”形象的呈现，不同的“理想瘦”形象之间的差别分析，“理想瘦”形象有哪些特点会对受众造成影响以及它们的影响程度。因此，本文将在前人研究成果的基础上，进一步对以上方面做出补充。

三、研究假设与假设模型

1. 研究假设

本研究提出以下三个假设。

H_1：“理想瘦”女性形象的接触会对女大学生自我身体意象造成影响，其中自我身体意象包括四个层面——自尊程度、身体满意度、胖瘦不满意度和自我改变动机。

H_2：“理想瘦”女性形象的两种类别的接触带来的影响具有差异，其中两种类别为“健美型”和“消瘦型”。

H_3：“理想瘦”女性形象在影响受众的过程中，社会比较心理发挥中介作用，BMI 指数发挥调节作用。

2. 假设模型

本研究提出“理想瘦”形象对女大学生自我身体意象影响机制的假设模型，“理想瘦”为本研究的自变量，“自我身体意象”为本研究的因变量，“社会比较心理”为本研究的中介变量，“BMI 指数”为研究调节变量，如图 1 所示。

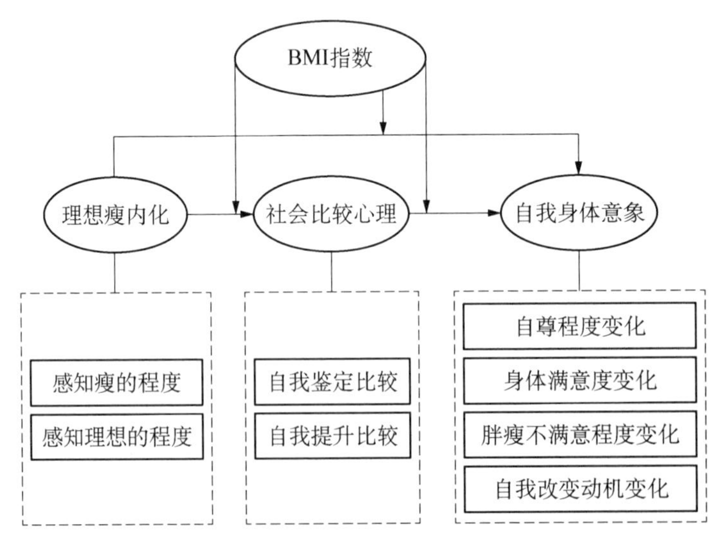

图 1　微博中“理想瘦”形象对女大学生自我身体意象影响机制的假设模型

四、研究方法和步骤

本研究的目标调查对象为中国高校女大学生群体,研究采用以实验法为主、问卷调查法为辅的混合方法。

1. 实验法

实验法是本文的主要研究方法,人为营造了接触微博"理想瘦"形象的情境,通过让被试观看微博中的"理想瘦"女性形象图片,测量观看前、后的因变量水平,从而达到验证假设的目的。选取实验法是基于研究的特殊性,本研究的目的是探究微博中"理想瘦"形象对于女大学生的自我身体意象产生何种影响,需要在两者之间建立明显的因果关系,实验法让被试接受"理想瘦"女性形象图片的针对性刺激,从而保证因变量的改变归因于实验刺激源。另外,排除干扰因素是本研究的重中之重,本研究的"理想瘦"形象(消瘦类和健美类)和接触渠道(微博)是由研究者所定义的,从而控制被试在内心营造"理想瘦"形象,排除其他女性形象的干扰,以及其他女性形象来源渠道的干扰因素对于研究的影响。

刺激源为微博中可代表"理想瘦"女性形象的图片,根据体型进一步分为"消瘦类"图片和"健美类"图片,分别从明星博主和普通人的微博中获得。"消瘦类"女性图片和"健美类"女性图片是刺激源,来源于微博。"消瘦类"女性形象具有"消瘦"的主体特征,可引申到"瘦削""柔弱""轻微病态"的相关特征;"健美类"女性形象具有"健美"的主体特征,可引申到"肌肉紧实""肌肉有线条感""健康"的相关特征。

被试的女大学生被随机分成 A、B 两组,两组被试在实验前(接触理想瘦女性图片前)均接受因变量水平的测量,即 4 个维度的自我身体意象的测量。然后 A 组被试观看"消瘦类"女性形象图片(共 4 张),B 组被试观看"健美类"女性形象图片(共 4 张),最后再次接受因变量水平的测量。

2. 问卷调查法

该组实验的具体操作为问卷形式,题项采用 7 级李克特量表与少量填空和单选题的形式,量表的编制均在国外成熟量表的基础上结合本研究情境进行适量修正。被试在填写完基础信息和因变量水平测量后,被要求选择一组图片组,在该过程中无法提前看到不同图片组对应的内容,在选择完毕翻页后才能看到图片,从而保证了实验分组的随机性。通过问卷星对最终确定版本的问卷进行网络投放,在微信朋友圈和微信群内转发。

问卷预检验。本研究通过 SPSS 24.0 软件的"可靠性分析"功能来检测问卷信度,当测量内部一致性的克朗巴哈系数(Cronbach's α)在 0.7 以上时,量表各题项得分间的一致性较高,证明问卷信度可靠。表 1 的信度检验结果显示,具备测量量表的 4 个因变量和 2 个自变量的 Cronbach's α 系数都远大于 0.7 的临界值,模型中各潜在变量的信度水平比较理想。

表1　潜在变量内部一致性统计

测量变量	题项数量	Cronbach's α
自尊程度	5	.939
身体满意度	6	.916
胖瘦不满意程度	6	.839
自我改变动机	3	.833
受众自我鉴定比较	2	.967
受众自我提升比较	2	.962

五、数据分析

1. 样本回收情况与描述性统计分析

由于本次研究采用的研究方法为实验法，实验对象人数预计为60人。本次研究问卷通过问卷星平台发布，在上海各大高校的微信校友群、红包分享群等微信群以及学生个人朋友圈进行投放与转发，最终共回收问卷97份，得到A组问卷50份，B组问卷47份，样本清洗后保留A组问卷43份，B组问卷43份，最后确定86份有效问卷，有效问卷的回收率达到88.7%。

被试年龄集中分布在17～24岁的区间内，其中87.1%集中在20～23岁年龄段。本次实验的86名被试来自18所高校，其中一所为海外高校，其余为内地高校。被试集中分布在三所高校：上海交通大学、华东理工大学和上海大学，其中55.8%的被试来自上海交通大学，11.6%的被试来自华东理工大学，7.0%的被试来自上海大学，三所高校占总被试的比例为74.4%。90.7%的被试为本科在读学生，9.3%的被试为研究生在读学生。本次实验的被试的微博使用特征集中表现为频繁但短暂地使用微博，极少数被试每日使用微博超过2小时，超过半数的被试(占比58.1%)每日使用微博的总时长在30分钟以下。

2. 验证假设

本研究利用SPSS 24.0软件，并运用独立样本 t 检验、路径分析、单因素方差分析(ANOVA)等多样方法分析数据，对研究假设进行验证。数据研究结果如下。

验证 H_1：接触“理想瘦”女性形象会对女大学生自我身体意象造成影响。

为了考察在接触“理想瘦”女性形象后，女大学生自我身体意象的四个维度是否有显著差异，使用SPSS对四个因变量的前测与后测结果进行配对样本 t 检验。如表2所示，自尊程度、身体满意度、自我改变动机的前测水平与后测水平具有显著差异，自尊程度显著提高($P=.004$)，身体满意度显著提高($P=.000$)，自我改变动机显著提高($P=.011$)。胖瘦不满意度的前测与后测水平差异不显著($P=.432$)。该结果说明微博中“理想瘦”女性形象的接触确实会对女大学生的自我身体意象造成影响，被试在观看“理想瘦”女性形象图片后，自尊程度和身体满意度都上升，对自我呈现出更加满意的状态，然而胖瘦不满意度和自我改变动机也上升，意味着被试对自己的体重更加不满意，并且更希望加入减重行列中。

表 2　因变量配对样本检验

		平均值	标准差	标准误差平均值	t	自由度	显著性（单尾）
配对 1	自尊程度（后测）-自尊程度（前测）	.14 884	.49 959	.05 387	2.763	85	.004 **
配对 2	身体满意度（后测）-身体满意度（前测）	.23 062	.57 061	.06 153	3.748	85	.000 **
配对 3	胖瘦不满意度（后测）-胖瘦不满意度（前测）	.01 163	.62 820	.06 774	.172	85	.432
配对 4	自我改变动机（后测）-自我改变动机（前测）	.21 318	.84 469	.09 109	2.340	85	.011 **

**. 在 0.01 级别（单尾），相关性显著。

验证 H_2："消瘦类"与"健美类"女性形象对受众的自我身体意象造成的影响具有差异。

为了考察消瘦型女性与健美型女性哪一种更符合女大学生心目中的理想瘦，以及两种形象所引起的女大学生自我身体意象的变化有无显著差异，使用 SPSS 的独立样本 t 检验对两个实验组进行组间比较。如表 3 所示，"消瘦类"图片的被试反馈的图片中的女性身材瘦的程度（$M=6.22$）高于观看"健美类"图片的被试（$M=5.65$），然而反馈的理想程度（$M=3.98$）不及"健美类"（$M=5.40$）。该结果说明微博中的"消瘦类"女性形象不是女大学生们最青睐的形象，尽管她们瘦的程度更高，然而女大学生们更追求"健美类"的形象，认为其更加理想。观看"消瘦类"图片的被试产生的自我提升比较（$M=3.51$）低于"健美类"（$M=4.75$），说明女大学生们更想要且愿意付出努力成为"健美类"图片中的女性形象。

表 3　"消瘦类"女性形象和"健美类"女性形象独立样本检验

	平均值差值	标准误差差值	t	自由度	显著性（单尾）
感知瘦的程度	.56 977	.16 542	3.444	84	.000 **
感知理想的程度	−1.418 60	.25 467	−5.570	84	.000 **
受众自我鉴定比较	−.35 756	.24 997	−1.430	84	.078
受众自我提升比较	−1.244 19	.29 984	−4.149	84	.000 **
自尊程度变化	.12 093	.10 758	1.124	84	.264
身体满意度变化	.14 341	.12 280	1.168	84	.246
胖瘦不满意度变化	−.06 977	.13 607	−.513	84	.609
自我改变动机变化	.24 031	.18 137	1.325	84	.189

**. 在 0.01 级别（单尾），相关性显著。

验证 H_3：假设模型。

为了验证假设模型，使用 SPSS 对假设模型进行复回归分析，探究变量间的因果关系和路径系数。如表 4 所示，感知瘦的程度会显著影响自尊程度变化(β=.198，P=.034)以及身体满意度变化(β=.190，P=.042)，感知瘦的程度与自尊程度变化和身体满意度变化均呈现正相关。感知瘦的程度(β=.256，P=.005)与感知理想的程度(β=.454，P=.000)均显著影响自我鉴定与比较，并且呈现正相关，即感知瘦的程度和感知理想的程度越高，会引起越强烈的自我鉴定心理。然而对于自我提升与比较心理而言，只有感知理想的程度对其有显著影响(β=.824，P=.000)，两者之间的正相关关系说明，感知理想的程度越高，会引起越强烈的自我提升心理。自我鉴定与比较显著影响胖瘦不满意度(β=.268，P=.014)，对自尊程度变化、身体满意度变化和自我改变动机变化不产生显著影响，而自我提升与比较对自我身体意象的任何一个层面均无显著影响。由此可见，理想瘦内化均通过社会比较心理来影响自我身体意象，社会比较心理在影响机制中重要的中介作用得到了验证。

表 4　假设模型检验结果

	B	标准误差	标准化系数 β	t	显著性(单尾)
感知瘦的程度⟶自尊程度变化	.122	.066	.198	1.848	.034 *
感知理想的程度⟶自尊程度变化	−.038	.039	−.104	−.971	.167
感知瘦的程度⟶身体满意度变化	.133	.076	.190	1.757	.042 *
感知理想的程度⟶身体满意度变化	−.020	.045	−.049	−.454	.326
感知瘦的程度⟶胖瘦不满意度变化	−.123	.084	−.159	−1.461	.074
感知理想的程度⟶胖瘦不满意度变化	.009	.050	.019	.172	.432
感知瘦的程度⟶自我改变动机变化	.120	.112	.116	1.073	.286
感知理想的程度⟶自我改变动机变化	−.109	.066	−.177	−1.644	.104
感知瘦的程度⟶自我鉴定比较	.367	.137	.256	2.669	.005 **
感知理想的程度⟶自我鉴定比较	.385	.081	.454	4.727	.000 **
感知瘦的程度⟶自我提升比较	−.074	.115	−.040	−.643	.261
感知理想的程度⟶自我提升比较	.910	.068	.824	13.340	.000 **
自我鉴定比较⟶自尊程度变化	.042	.054	.097	.774	.221
自我提升比较⟶自尊程度变化	−.017	.041	−.053	−.419	.338
自我鉴定比较⟶身体满意度变化	.095	.061	.193	1.558	.062
自我提升比较⟶身体满意度变化	−.028	.047	−.074	−.596	.277
自我鉴定比较⟶胖瘦不满意度变化	.144	.065	.268	2.233	.014 *
自我提升比较⟶胖瘦不满意度变化	.025	.050	.060	.501	.309

（续表）

	B	标准误差	标准化系数β	t	显著性（单尾）
自我鉴定比较⟶自我改变动机变化	.064	.090	.088	.705	.242
自我提升比较⟶自我改变动机变化	−.092	.069	−.165	−1.323	.095

*. 在 0.05 级别（单尾），相关性显著。
**. 在 0.01 级别（单尾），相关性显著。

为了验证 BMI 指数的调节作用，对数据进行单因素方差分析。结果显示，BMI 指数的不同水平仅在自我鉴定与比较（F=8.402，P=.000）这一项中的差异是显著的，而在其他变量的测量中没有表现出显著差异，如表 5 和表 6 所示。自我鉴定与比较的最小显著性差异法（LSD）事后比较分析显示，偏瘦的被试的自我鉴定比较水平显著低于正常体重的被试（P=.000）和超重被试（P=.030）的自我鉴定比较水平，这说明正常体重与超重的被试比起偏瘦体重的被试更容易产生自我鉴定与比较心理，也就是说在看到理想瘦女性形象图片时，正常体重与超重的被试更倾向于认为“她比我瘦”以及“她比我的身材更理想”，而偏瘦体重的被试则不容易产生这样的比较。

表 5　BMI 指数单因素方差分析

		平方和	自由度	均方	F	显著性
自我鉴定比较	组间	4.899	2	2.449	8.402	.000 **

**. 在 0.01 级别（单尾），相关性显著。

表 6　BMI 指数对自我鉴定比较的 LSD 事后比较

	(I)BMI 结果	(J)BMI 结果	平均值差值(I−J)	标准误差	显著性
自我鉴定比较	偏瘦	正常	−.93 888 *	.24 592	.000 **
		超重	−1.737 90 *	.78 781	.030 *
	正常	偏瘦	.93 888 *	.24 592	.000 **
		超重	−.79 902	.77 839	.308
	超重	偏瘦	1.737 90 *	.78 781	.030 *
		超重	.79 902	.77 839	.308

*. 在 0.05 级别（单尾），相关性显著。
**. 在 0.01 级别（单尾），相关性显著。

3. 最终验证的假设模型

其中分析模型如图 2 所示。

自变量对因变量的影响路径为：

路径 1——感知瘦的程度影响自尊程度变化，直接效果值为 0.190；

路径 2——感知瘦的程度影响身体满意度变化，直接效果值为 0.198；

路径 3——感知瘦的程度影响自我鉴定比较再影响胖瘦不满意度变化，间接效果值等于 0.256 × 0.268 = 0.069；

路径 4——感知理想的程度影响自我鉴定比较再影响胖瘦不满意度变化，间接效果值等于 0.454 × 0.268 = 0.122。

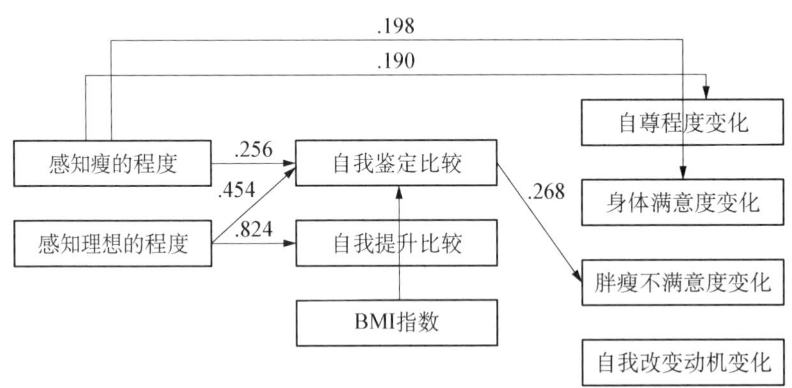

图 2 “理想瘦”形象对自我身体意象实施影响的路径分析模型

六、结论

1. 女大学生认为的“理想瘦”形象的改变

相较于前人的研究，本研究对于媒介中的“理想瘦”形象的内容进行了定义与划分，将其归纳为两种类型：“消瘦型”与“健美型”。研究结果发现，单纯的“瘦”对女大学生的吸引力下降，健美型的身材，即有肌肉线条感的、健康紧实的身材是女大学生所追求的，这对于过去研究中“以瘦为美”的结论有差异。

2. 媒介中“理想瘦”形象接触对女大学生自我身体意象表现为积极影响

媒介接触对体重的评价有消极影响，对整体的自我评价有积极影响。研究结果显示女大学生对自我更有自信，对局部的不满不会影响整体的评价，尽管她们对自己的体重感到不满，对自尊和身体整体满意度的评价却保持不变甚至上升。这可以总结为，女大学生感到自己的身体虽然没有那么瘦，体重还是不让人满意，但是仍旧是比较理想的。也由此可见，体重不再是衡量身体的重要标准。

3. 媒介中“理想瘦”形象接触的影响效果较弱，特别体现在行动层面

总的来说，相较于前人的研究中所发现的媒介对于女性的身体不满意度有明显的影响，本研究显示当代女大学生对自我的评价不会受到媒介的强烈影响，“理想瘦”形象的灌输力度减弱，女大学生受众对自我原始态度较为坚固，而引发行动上的改变的媒介效果更弱。

这或许是因为女大学生越来越能区分理想和现实，媒介中许多女性的身材虽然很理

想，但是她们并没有感到强烈的压力，她们喜欢媒介中的形象，也希望自己能变成那样，但是这种媒介影响也只是停留在态度层面，没有强烈到影响行动。女大学生对自我身体现状满意，不愿付出行动改变。

4. 社会比较心理的中介作用

研究结果显示社会比较心理参与了整个影响过程，其中自我鉴定与比较心理的中介作用较强，而自我提升与比较心理的中介作用较弱，该结果与前人的研究中的得到的"自我鉴定心理会使身体满意度降低，而自我提升心理会使身体满意度升高"的结论有所出入，这说明决定女大学生自我身体意象的是她们对自我的评判，而不是她们对自我改变的期待。

5. "瘦"的体型仍然具有心理优势

偏瘦体重的女生的自尊程度和身体满意度比正常体重和超重体重的女生都要高，她们对自我的整体评价优于后两者，可见其实"瘦"仍然一个具有"优势感"的自我意识。

七、研究局限与展望

受限于研究手段与篇幅，本文也存在着一定的研究局限，比如研究对象为女大学生，无法代表所有女性受众，以及"理想瘦"形象的接触为被试填写问卷时的单次接触，其影响效果有一定的局限性，长期多次的接触可能对被试的自我身体意象带来更显著的影响。期待未来的研究者在本研究基础上继续改进与探究。

参考文献

[1] 佚名.新浪微博数据中心.2017微博用户发展报告[EB/OL].(2017-12-25)[2018-02-29] http://data.weibo.com/report/reportDetail?id=404.

[2] Schilder P. The image and appearance of the human body [J]. Studies in the Constructive Energies of the Psyche, 2012,15(2): 170.

[3] Hendriks A, Burgoon M. The relationship between fashion magazine consumption and body satisfaction in women: Who is most at risk of influence? [C]// San Diego, CA 2003: Paper presented at the meeting of the International Communication Association.

[4] Sanz A B, Figuero C R, Alonso R P, et al. Consumo de los medios de comunicación en la adolescencia: Use of mass media in adolescence [J]. Anales de Pediatría, 2005,63(16): 516-525.

[5] Groesz L M, Levine M P, 2005, Murnen S K. The effect of experimental presentation of thin media images on body satisfaction: a meta-analytic review [J]. International Journal of Eating Disorders, 2002,31(1),1-16.

[6] Tiggemann M, Slater A. Thin ideals in music television: A source of social comparison and body dissatisfaction [J]. The International Journal of Eating Disorders, 2003,35(1):48-58.

[7] Tantleff-Dunn S, Gokee J L. Interpersonal influences on body image development [M]//. Cash T F, Pruzinsky T. Body Image: A Handbook of Theory, Research, and Clinical Practice. New York: Guilford Press 2002: 108-116.

Voicing the Public Demand? Expression, Distribution and Interaction of Chinese Online News Comments on Sina and Sohu During the Tianjin Explosion Case

Li Zipeng①

【Abstract】 The Internet has developed rapidly in China since it entered China in the late 1980s. With the assistance of major online news portals, more and more Chinese people can join online discussions for public affairs. Past researches focus on the media propaganda conducted by the state, the potential of media digitalization to challenge the authoritarian rule in China, the government censorship to online information and the online public sphere development. However, very few scholars aim at answering whether online public opinion, represented by online news comments, has value for public policy reference in the domestic environmental disaster case. Which factors can influence the content and attitudes of the online news discussions? Are online news comments consistent and representative of the Chinese population? With a case study focusing on the online news discussion of the Tianjin Explosion Case, the research aims at answering these questions by conducting content analysis, online ethnography and applying GIS to online news discussion data. I argue that there is online space allowing questions and even critiques towards policy issues existing together with suspicious online propaganda. Chinese netizens' interest of discussing public affairs shows timely inconsistent and geographically unbalanced. The online news comments platform is lack of rational and specific policy relevant discussions. But policy relevant comments tend to trigger resonation among Chinese netizens by attracting more "likes" than normal discussions.

【key words】 Internet; Tianjin Explosion Case

① Doctoral Candidate in Chinese Studies, The University of Edinburgh

1 Introduction

Since it entered China in the late 1980s[1], the Internet has brought dramatic changes to public expressions in contemporary China. One of the essential differences the online communication brings to China is to lower the expression threshold to allow public opinion accessible for others. Borrowing Susan Shirk's words, technology facilitates a number of micro-phones to communicate their voices[2]. Although existing literature has revealed the function of the Chinese Internet to accumulate and communicate public opinion[3], the feature of online public opinion to articulate the public demand in Chinese domestic environmental disasters has not been systematically examined.

The easy accessible feature of online expressions may facilitate the power release of public opinion in China. The power of public opinion in the U. S. has been described by scholars as the "sleeping giant"[4]. Existing research shows that, even in the U. S., expressing the public demand in a written way is not that popular and convenient. Only about 10 percent of American write to congress, state house or some other power representing their interest[5]. If it is waked up from the calm situation, public opinion may bring its instant and important influence on policy by releasing the public voices. In the Chinese context, the quick development of the digital technology brings expectations to wake up the "sleeping giant" in China. Until December 2017, the number of Chinese netizens has increased to 772 million, which accounts for 55. 8% of the Chinese population[6]. This absolute number of Chinese netizens in 2017 is even larger than the double size of the population of U. S.

Among different functions provided by the Chinese Internet, online news has been regarded as one of them for the Chinese public. Research shows that reading online news is the second most popular activity of Chinese netizens in 2017[7]. This popularity has brought great commercial opportunities for some Nasdaq listed web portals including Sina and Sohu[8]. However, existing researches rarely examine the feedbacks and comments made by those netizens after they read online news from the public affairs perspective.

The online news comments make netizens change their roles from pure news consumers to the double-role of news consumers and online content producers. The online news comments platform contains easily accessible data to explore the feature of online expressions and affiliated attributes. Chinese netizens can not only post single piece of comment, but also interact with each other either by forming conversations or clicking "likes" to support certain comments. With these conveniences, would the online news comments platform really bring better effectiveness of articulating public demands during the environment disaster Tianjin Explosion Case?

This study chooses the Tianjin Explosion Case as it attracted a large number of online news reports and triggered heated public discussions following those reports from perspectives of health, environment and governance. The "sleeping giant" in China has revealed its power by showing a large number of comments on the online news comments platforms with more than 120,000 pieces of comments on Sina and almost 100,000 items of discussions on Sohu. As described by Manuel Castells, the digital information digs into every aspect of our life with rapid development[9]. The public affair area in China is not an exception.

However, the expectation on the Internet's role of facilitating public affair discussions should not be overheated. Existing research works reveal that most blogs in the U. S. do not contain public affair issues[10]. In the Chinese context, a large amount of scholars' work has been devoted to the impact of the Chinese Internet on public interest expressions[11-14]. However, the existing explanations of the new dynamic of public expressions in the digital context tend to be extreme. Those extreme opinions to describe the online sphere, such as freedom versus control or democracy promotion versus authoritarianism strengthening[15], are not enough to accurately capture the role and influence of Chinese new media from political perspective[16].

Scholars' opinions can be generally divided into two streams of optimistic and pessimistic on the influence brought by digital technology[7]. That positive thinkings on the impact brought by the Internet to public expressions are supported by a majority of academic works[14,17-19]. In this stream, scholars argue that the Internet technology empowered and facilitated Chinese people to speak out their political demands or facilitate political liberalization[14]. However, there are other scholars insisting on the control and monitory function of the Internet from the Chinese government to the Chinese people[15].

A typical perspective which has been overlooked is those netizens' discussions on the domestic environment disaster case in China[20]. Besides the lack of investigation in this kind of context, the real quality of online public opinion is also lack of research. De Sola Pool raised three criteria to define public opinion including "opinions referred to are publicly expressed" "about public affairs" and "held by the general public instead of by some small group"[21]. But very few studies demonstrated Chinese online public opinion is qualified to be "public opinion" under this definition.

On the methodology level, scholars rarely systematically collect online expression data to explore the feature of online discussions when environment disasters happened. Even though there are studies showing that public opinion on Chinese social media, represented by Sina Weibo, has the function of reporting Chinese government officials abusing their power[7], very few academic works gathered convincing public opinion data to verify the Internet technology in China can really empower Chinese people to effectively articulate their public policy demands.

Online news has constantly been ranked as one of the popular functions on the Chinese Internet since 2000[22]. This platform provides the opportunity to access a large amount of online public opinion and those affiliated attributes of online comments. On the online news comments platform, public opinion is shown in a format with many affiliated attributes including account name, comment content, date, time, location, receiving "likes" or not. Those attributes provide opportunities to examine the influence from different factors to Chinese online policy relevant discussions.

This paper aims at exploring the characteristics of policy relevant online news comments. The reason to choose this focus is that it is an important dimension to explore if online public opinion is valuable for policy reference. President Xi Jinping has advocated that Chinese government officials to take "the mass line (*qun zhong lu xian*)" through the Internet to learn online public opinion and response to public concerns[23]. But much of research output did not reveal the policy value of online public opinion.

2 Research questions

The central research question of this paper is: what are the characteristics of policy relevant online news comments on major Chinese online news platforms of Sina and Sohu in the Tianjin Explosion Case? The reason to ask this question is that to learn the characteristics of online public opinion is helpful to understand whether online public opinion in China, represented by online news comments, is valuable for public policy making reference. Specific research questions include: what expression characteristics do netizens show in their policy relevant discussions on the online news comments platform? What feature do Chinese netizens show in their policy relevant expressions distributions from dimensions of time, location and attitudes towards public policy relevant topics? How would Chinese netizens interact with each other on the online news comments platform from perspectives of online conversations and the tendency to receive "likes".

3 Research methods

To answer those research questions, I applied content analysis and online ethnography to my online news comments data from platforms of Sina and Sohu on the Tianjin Explosion Case. The reason to use content analysis is that I can explore the attitude distribution of policy relevant discussions on the online news comments platform. I can also extract those typical words preferred by Chinese netizens when they discuss public policy relevant topics. It can help me to explore different attributes' influence, for example, whether or not to receive "likes", on netizens' tendency of involving policy relevant discussions. The specific steps of generating the sample can be found in attached Notes 1. 3.

Specifically, in order to explore the attitude distribution, I coded each item within the sample into different attitudes towards policy issues by using Nvivo. Those attitudes include policy related questions, policy related praise, policy confidence, policy expectations, policy support, policy critiques, policy suggestions and others. By doing this, I can explore the portion of different attitudes towards public policy topics among online news comments. The frequency of relevant key words and their context of appearance can help to understand how Chinese netizens articulate policy relevant demands.

By using online ethnography, I can generate insights on netizens' expression characteristics when they discuss public policy relevant topics. Specifically, I closely read the comment content of the sample data sets I generated and observed the characteristics of their discussions when they touched on public affairs topics.

In order to conduct the analysis mentioned above, I reformatted the online comments data to Excel so that I can analyse different attributes' influence on policy discussions. In the final Excel data sets, each row represents a piece of comment and each column representing an attribute affiliated with the comment. It provides rich data to explore the potential of netizens to discuss public affairs and their value for policy reference. Both of these two data sets have six columns representing those attributes affiliated with each item of comment: account name, location, comment content, date, time and functions (including likes and shares). The details related to the data source, the steps to reformat data from online version to Excel version, the way to generate sample, and the way to identify policy relevant discussions are described in attached Notes.

4 Expressions

The SARS and the Wenchuan earthquake are typical cases triggered public online discussions. The stimulation of the amount of public discussion messages during public disaster case SARS in China has been revealed by scholars[8]. Scholars also found that in the domestic disaster case Wenchuan earthquake, new media facilitate citizens to express their awareness and show their participation in the relief work[16]. However, very few studies provide systematic empirical online data to support their arguments. Based on the study of American public opinion, scholars found that there is a tendency for Americans to form opinions simply based on very minimum knowledge of policy[5]. Would the online comments data in China tell a similar or a different story?

Based on the online ethnography, the online news comments platform may not satisfy those political expectations on it. Chinese netizens' comments on the online news comments platform tend to be generic and hard to generate deep and specific policy insights. By closely reading the sample, I found that generic expressions are common on the online news comments platform. Typical comments like "believe the government" (*xiang xin zheng fu*), "thoroughly investigate" (*yi cha dao di*) and "absolutely not tolerate" (*jue bu gu xi*) commonly appear in the sample comments when netizens touched on public affairs. They mainly include generic words with very few providing specific details of actions and refer to specific departments of the government.

Would the online news comments platform determine that those expressions there cannot be specific and meaningful? Marshall McLuhan argued that "the medium is message"[24]. He asserts that the characteristics of the medium shape the form of the information it conveys. The online news comments platform lowers the threshold of expressions, but sets very few constraints on the quality, accuracy, and meaning of online expressions. With only the impulse of expression but few constraints on the content, it is hard for Chinese netizens to generate specific suggestions with details and concrete measures on the online news comments platform.

Instead of showing diverse ways of expressions through the online news comments platform, those expressions on this online platform are mainly standardized. When I say "standard expressions", what I mean is that Chinese netizens tend to use very similar way of expressions when they discuss public policy relevant topics in the Tianjin Explosion Case. For example, those typical expressions include "believe the country, believe the government" (*xiang xin guo jia*, *xiang xin zheng fu*), "believe the government will deal well with it" (*xiang xin zheng fu hui tuo shan chu li de*), "punish the respondents harshly" (*yan cheng ze ren ren*) and so on. Those listed typical expressions appeared more than hundreds of times. They share similarities that they use very similar way of expressions and lack of details and subtleties when they touched on public policy issues. With very similar expressions on public policy relevant topics, it is hard for Chinese netizens to generate meaningful insights and conclusions for the policy making reference.

The expectation on the online news comments to reflect real public concerns on public policy may be illusive. The platform does not show its strong function of facilitating public policy relevant demands. Scholars have already found that the Chinese state, to some extent, tolerated and even encouraged discussing public affairs online[25]. But the consideration of the Internet as a place where Chinese netizens can talk about topics related to society to urge the government[7] may not apply to the online news comments platform. As the data sets from Sina and Sohu show, those comments relevant to public policy discussions are not the major part of the online news comments. After identifying policy relevant comments on the online news comments platform (see Notes 1. 4), only 28. 67% of Sina online news comments data and 17. 54% of Sohu data are public policy relevant. With not that high portion of policy relevant discussions, it would be naive to expect this platform to have the function to facilitate public affair discussions.

Although the function of online news comments to facilitate public affair discussions may not be as effective as I expected, Chinese netizens show their impulse of expressions when touching on policy topics. The online public affairs discussions do show their distinctive feature compared to those general discussions with higher portion concentrating on relatively longer range. Among the length range from 0 to 200 characters, the number of comments equal to or less than 30 characters account for 72. 07% for Sina and 77. 99% for Sohu. It is not common to see extremely long comments for both platforms. The policy relevant comments tend to be longer than normal discussions. For Sina policy relevant comments distribution, 70. 31% of those policy relevant discussions in the range between 0 and 200 characters concentrate on the length range of 7 to 40 characters (including 7 and 40 characters). This ratio for Sohu is 64. 62%.

The online ethnography also revealed the strong emotion shown by Chinese netizens on the online news comments platform when they touched on public affairs. Emotions shown by netizens easily make online expressions less effective to articulate policy relevant demand. This phenomenon of engaging with the digital communication not deeply and rationally has resonated in Marshall McLuhan's findings. He argued that the electronic technology created anxiety of people to commit their time without forming deep thoughts[24]. The convenience of expressions on this platform does not necessarily bring rational and deep discussions. It is difficult for it to generate the policy reference value.

5 Distributions

In the traditional media era, Walter Lippmann has already observed that the organizations of public opinion on newspapers are to some extent defective. As he described, "the symbols of public opinion … come and go, coalesce and are forgotten, never organizing perfectly the emotion of the whole group"[26]. Thrilled by the excitement of expressing opportunities brought by the digital technology, scholars easily generate expectations on the Internet's role of facilitating public demand expressions. However, no data has been published to support that the online public opinion can represent accurate and complete opinions from the population.

In fact, the attitude, the amount of discussions and the power of commenting highly skewed on dimensions of time and location instead of evenly and balanced distributed. The representativeness of the public opinion is difficult to be captured and referred to for policy reference. Those online news comments can only work as a facet for the real public opinion instead of portraying the whole picture. Realizing the defective organization of the public opinion on the digital platform may cool down the over expectation of the online public opinion's potential for its political implications.

Chinese policy relevant online expressions in this Tianjin Explosion Case show the feature of unconsistancy and imbalance. The unconsistancy feature is shown on the volume of public policy relevant discussion along the timeline. Regarding distributions along the timeline, those opinions mainly concentrate on the early period after the breakthrough of the Tianjin Explosion Case. However, those online public opinions show the sharply decreasing trend after reaching the peak of the volume. By showing this pattern of sharply decreasing after reaching the early top, it is questionable that those online public opinions can constantly and effectively inform policy making as they show extremely uneven distribution along the timeline.

Netizens on the online news comments platform show their early interest on public affair discussions, but their interest diminished soon. When touching on policy relevant topics, Chinese netizens' interest reached the peak at the very early stage after the breakthrough of the Tianjin Explosion Case. However, their passion of discussion decreases sharply after reaching the peak. Specifically, as the pattern of the data shows that in this case, Chinese netizens show their enthusiasm of discussing public affair issues at the initial period after the breakthrough of the Tianjin Explosion Case. However, this passion of discussing public affairs does not last very long, it decreases sharply within 3 to 4 days after the breakthrough of the case. Then, the discussion keeps a relatively small amount along the timeline. The policy relevant data on Sina show a decreasing trend from the beginning and soon followed by a re-stimulation at around 18th, August. The trend after that is to decrease with a long tail pattern. The similar pattern applies to Sohu as well.

Whether Chinese Internet can work as kaleidoscope to reflect diverse public opinion or show only homogeneity of comments has not been revealed in the existing literature by systematic data support. The following two pie charts show the percentage in different categories after coding by using Nvivo. If we look at the discussion attitude pie charts, we can find that netizens' attitudes towards policy relevant topics are not covered evenly by netizens' discussions. Certain topics are more prominent than others. As we can see from the pie charts(See Figure 1 and Figure 2), there are some constructive suggestions in the online public opinion to the government. In the Sina sample data, advising the government accounts for 29% among all of the policy relevant discussions. The portion of this category from Sohu is 30%. Contrary to the existing research's emphasis on propaganda only, there is a certain portion of online discussions related to the critique of the Chinese government, although they do not account for the biggest portion.

Those opinions on the online news comments platform tend to skew to certain part of the opinion spectrum instead of reflecting the whole picture of public opinion. The classical argument still applies to the digital technology. As explained by Walter Lippmann, people's behaviour to the media is the reaction to the pseudo-environment[26]. In the digital context, the pseudo-environment is created by the Internet, where netizens can also join the process of shaping the online environment. Specifically, for the online news comments, netizens' responses to others' posts are the reaction to the pseudo-environment of the Internet.

According to the content analysis, the online news comments platform does not only attract propaganda, but also attract Chinese netizens to show their enthusiasm to provide suggestions to the Chinese government. Alan Liu found that the trend for the Chinese public opinion in traditional media era to be negative as it is mainly about defying the state policy instead of proposing new policies[27]. However, the data of policy relevant discussions on the online news comments platform in this case reveal a different story. There is a relatively large portion of netizens who actively provided suggestions to the Chinese government policy making in this case. Those opinions advise the government accounts for 29% in Sina sample data and 30% in Sohu sample data, which is much larger than those negative comments.

The Chinese government tolerates negative comments on the online news comments platform although they appear in a small percentage. Even though there are some questions about the government, the portion of those comments questioning or even critiquing the Chinese government is relatively small. As the pie charts of netizens' attitude show, there are about 2% of Sina data and 6% of Sohu data questioning the government or the relevant policy. Although not prominent, comments criticizing the government account for 4% in Sina sample data and 3% in Sohu sample data. Scholars have already found that the Chinese government selectively tolerates public opinion and protests in foreign affairs with Japan[28]. This attitude seems to also apply to this domestic disaster affair. In this case, questioning and critiquing the policy are allowed, although in

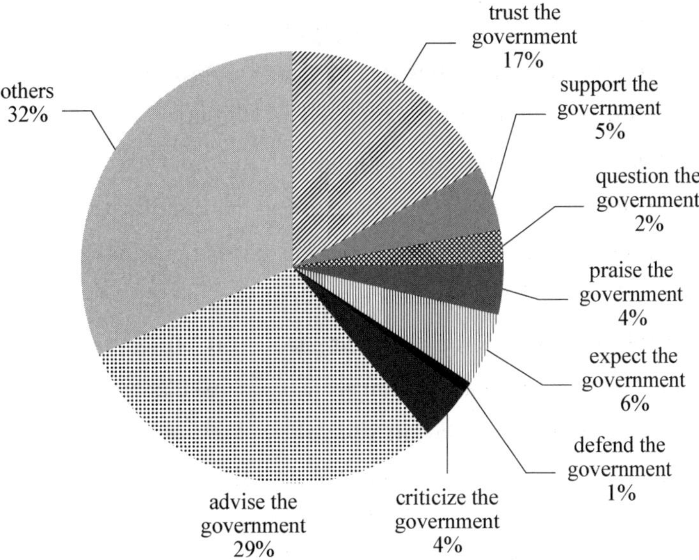

Figure 1 Attitudes of public policy relevant discussions —Sina Data

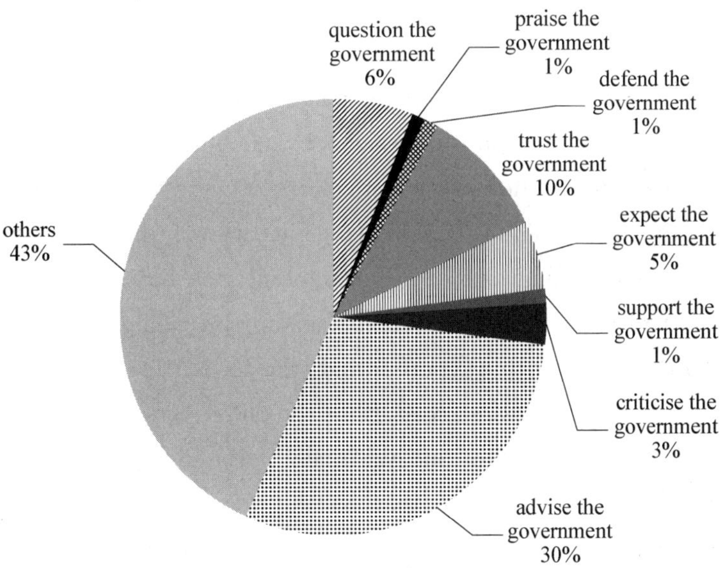

Figure 2 Attitudes of public policy relevant discussions—Sohu Data

very small percentage, in the online sphere.

The exclusive function to certain netizens' expressions of the Internet is shown in this case. With this highly skewed geographic distribution, I argue that it is very hard for those opinions from Chinese netizens on the online news comments platform to portray the holistic view of public opinion in China. Based on the theory of digital divide, the Internet users skew to those who enjoy socioeconomic advantages. This is also prominent in the policy relevant discussions in the online news comments. Those opinions expressed on the Internet may only represent certain portion of the population with high education level, good income and living in big cities as explained by digital divide theory. For those less represented population which are not highlighted in the GIS visualization maps, the Internet may not work as an effective platform to communicate their voices to policy makers. Those arguments that the Internet can empower marginalized groups in China for online expressions are not verified by the geographic data in this case.

Facilitated with GIS, Chinese online expressions on public affairs can be visualized. The policy relevant discussions mainly concentrate on east part of China and city areas. Both of the Sina and Sohu policy relevant data show the similar pattern of distributions. We can see that the eastern part of China, particularly the coastal area attracts most of policy relevant discussions concerning the Tianjin Explosion Case. The detailed procedure to visualize the geographic information can be found in attached Notes 1. 5.

6 Interactions

In traditional media era, those opinions reflected through newspapers rarely have horizontal interactions between newspaper readers. The digital platform of online news comments changed the traditional expressions by enabling online interactions between netizens. The forms of interactions vary from online conversations and netizens' actions of pressing "likes" to others' online comments. The role of the Internet to foster civic organization and enhance public debate and communication has been agreed by scholars. The Internet is regarded to satisfy the social demand by providing platforms for netizens to speak with each other, link with each other and take actions towards social injustice[18].

However, very few scholars really examine the online conversations in China to see if there is really online public debates and the scale of the debates there[16]. In the U. S. context, scholars have already found that on the online newspaper affiliated forums, public policy topics are not the first priority topics and netizens can only bring limited value[29]. In the Chinese context, the similar conclusion has been drawn by scholars that there is little interaction happening between different users even though websites allow users to comment on news reports[25], not enough empirical evidences have been provided to make the argument convincing.

I approached the interaction dimension analysis through online news comments data in the Tianjin Explosion Case from perspectives of the scale of online conversations, the portion of policy relevant discussion and the impact of the tendency to attract "likes" on policy relevant potential. As these factors have rarely been systematically studies by existing literature but provide meaningful insights on the potential of online public opinion to provide policy reference. Contrary to some scholars' expectation of the large scale conversations, netizens formed very limited scales of discussions with each other on the online news comments platform in this case. Besides those insights on online conversations, data reveals that public policy relevant topics tend to attract more "likes" on this platform. Online conversations on that platform do not necessarily trigger heated discussions about public affairs. They are also lack of mutual benefit and respect to generate meaningful and rational discussions of public issues.

The Internet is commonly understood as an effective tool for people to be engaged on the online interactions. It is regarded as creating the "network effect", which creates a feeling of obligation for people to be involved into online activities[30]. Affected by this effect, Chinese netizens are regarded as having a strong impulse to be connected to the Internet network by engaging with others' online comments. Very few scholars really questioned the effectiveness of this "network effect" on a particular function on the Chinese digital sphere to attract and engage online interactions.

The scale of online interactions and conversations shares similar patterns both in Sina and Sohu data sets by mainly concentrating on small scale conversations. Specifically, most of those conversations in online news comments platform concentrate on the small scale conversations with 2～3 responses. In the Sina comments data, 60.47% of all of the replies concentrate in the first three replies to the original posts. For the Sohu data, comments in the first three replies dominates the major replies with 99.81% of conversations comments in them. The accumulation number of online talks decreases sharply after the third reply. The expectation that the online environment can attract heated policy relevant debates with large participants is not the truth in the real online news comments environment in this case.

The existing understanding of online sphere may not accurately capture the behaviour of Chinese netizens, behaviour online on the online news comments platform. The expectations for netizens to have online "individual introspection, reflection, autonomy and cooperation[20]" may not be true in the real world. However, based on the online ethnography of the online news comments data in this Tianjin Explosion Case, there are not much self-introspections among netizens there. Those mutual attacks appeared in online conversations show that people seem to insist on their own opinions instead of seeking the opportunity to rethink their own standing points. Netizens commonly blame each other for their opinions instead of listening and discussing in a rational way among conversations.

The existing expectation of the Internet to offer a place for deliberative democracy may offer too high expectations for the online expressions' power in articulating netizens' political demands, at least for the online news comments platform. As research has already shown that the western online discussion shows a lack of "conversational reciprocity"[31]. Other studies also found that it is rare to find the rational discussions, the consideration of diverse opinions, and respectful behavior among online discussions[25]. In this case, netizens on the online news comments platform do not provide useful information for each other, neither do they benefit from each other's talk. If netizens' comments cannot benefit each other in terms of policy relevant interest, it would be hard for them to generate valuable information for public policies.

Considering this fact, it is questionable that if the Internet can provide a platform for people who have different views to discuss rationally with each other. Scholars found that the Internet provides a platform for netizens to find people with similar views. Based on the online ethnography, people's pre-believe could be so strong that they will come to the online news comments platform with their assumptions and not easily change what they previously believe. Mutual attacking is very common in this case with rarely listening to others' patiently and citing evidences to support their arguments. Based on the observations of online conversations, a large portion of online news comments lack a serious attitude of discussing public affairs. Instead, Chinese netizens commonly tease or attack each other.

Besides conversations, another dimension to explore online interactions is the tendency to receive "likes". Would policy relevant discussions have the tendency to attract more likes than normal discussion? Assisted with the filter function in Excel, I filtered those comments into different groups including those received "likes", received 10 or more times of "likes", received 50 or more times of "likes", got 100 or more times of "likes" and received more than 200 times of "likes". The purpose of doing that is to observe if the number of "likes" received by online news comments will have positive correlation with the tendency to discuss public policy relevant issues. Assisted with those identified public policy relevant discussions in Excel and the function of both color filter and number filter, I can explore the portion of public policy relevant discussions in those comments received certain number of likes.

As the graph "The portion of policy relevant comments when comments received different number of likes" shows, the general trend is that the more "likes" those comments received, the higher tendency to contain higher portion of policy relevant discussions. Those comments received extremely large number of "likes" have prominent advantages of attracting higher portion of policy relevant discussions.

Those policy relevant online news comments tend to trigger other netizens, resonation by attracting "likes". As we can see from Figure 3, both the Sina and Sohu lines show the portion of policy relevant discussions increases as the number of "likes" those comments received increases. Even though there is a slightly decrease of the portion of policy relevant discussions at the initial period in the Sina data. It is worthwhile to notice that for those comments received extreme large number of likes, for example, 100 or more or even 200 or more, the portion of policy relevant discussions is significantly higher than the portion of policy relevant discussions in the whole data set. For those comments received 100 or more likes, the portion of policy relevant discussions is 32.35%. This portion for those comments received 200 or more likes is 31.95%. Both of these two portions are at least 3% higher than the percentage of policy relevant discussion among all comments on the Sina platform. So those comments received extremely large number of likes contain prominently higher portion of policy relevant discussions compared to the whole data set.

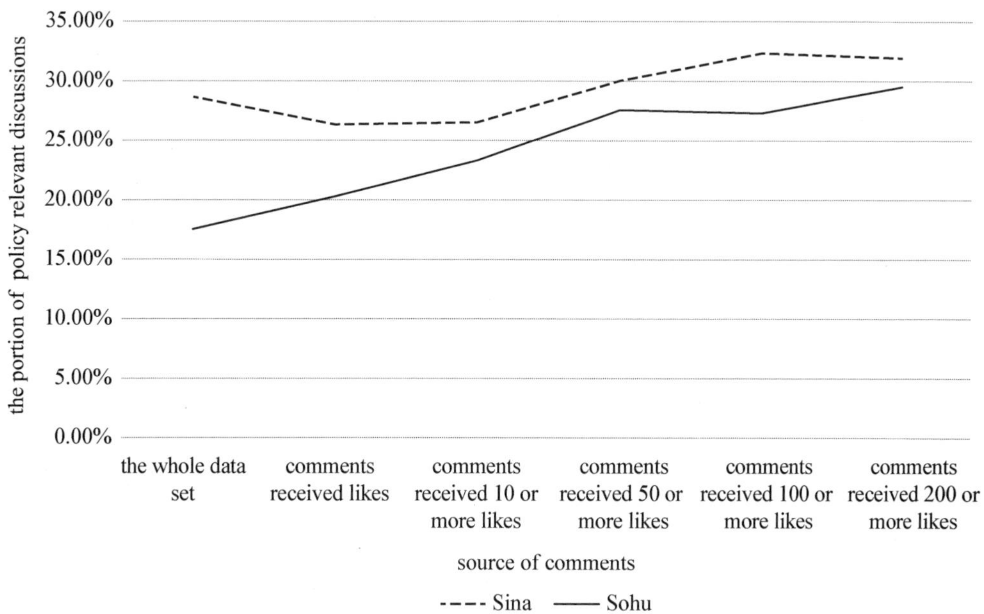

Figure 3 The portion of policy relevant comments when comments received different number of "likes"

7 Conclusions

Contrary to the common understanding, those public opinions reflected through Sina and Sohu online news comments platform in the Tianjin Explosion Case show very limited effectiveness of articulating the public interest. Those discussions there have not demonstrated their capacity of reflecting accurate, consistent and complete Chinese public opinion to the government in this case.

Online expressions on public affairs tend to be generic and standardized in this case. Their functions of articulating the public demand are questionable as they mainly include general words with very few providing specific details of public policy concerns relevant to this case and refer to specific government departments. Although Chinese netizens tend to comment more once they touched on public affair relevant topics compared to those general comments, netizens show their strong emotions in their discussions, which can hardly qualify them to be rational public affair discussions.

The power of expression has concentrations instead of equally distributed on perspectives of time, location and expression opportunity. On the distribution perspective, the online public opinion on online news comments platform in the Tianjin Explosion Case is hard to represent the consistent and complete public opinion. The distribution of Chinese netizens expressions along the dateline shows the sharp decreasing trend after the early peak of the Tianjin Explosion Case. Geographically, those expressions skewed to east part of China and big cities without much references to rural and western China.

From the perspective of interactions, the scale of online conversations is relatively small. When Chinese netizens interact with each other, they are lack of mutual respect. Policy relevant discussions tend to trigger netizens' resonation by pressing "likes" compared to general discussions. It is disappointing to notice that online conversations on the online news comments platform in this case are lack of rational discussions of public affairs and toleration of different opinions when touching on public affairs.

References

[1] Hu Y. The Rising Cacophony Personal Expression and Public Discussion in the Internet Age [M]. Beijing: Guangxi Normal University Press, 2008: 369.

[2] Shirk S L. China: fragile superpower [M]. Oxford: Oxford University Press, 2007.

[3] Kivlehan-Wise M, Welch C. China's New Media Milieu: Commercialization, Continuity, and Reform [R]. Arlington USA: Center For Naval Analyses, 2010.

[4] Neuman W R. The Paradox of Mass Politics: Knowledge and Opinion in the American Electorate [M]. Cambridge, MA, USA: Harvard University Press, 1986: 241 - 241.

[5] Campbell, A., R. E. Lane, and D. O. Sears, Public Opinion. American Sociological Review, 1965, 30(4): p. 633.

[6] CNNIC. Statistical Report on Internet Development in China 2018[R]. China Internet Network Information Center, 2018: 108.

[7] Negro G. The Internet in China: From Infrastructure to a Nascent Civil Society. From Infrastructure to a Nascent Civil Society [M]. Cham: Springer International Publishing, 2017.

[8] Damm J, Thomas S. Chinese cyberspaces technological changes and political effects [M]. London: Routledge, 2006.

[9] Castells M. The rise of the network society(Second edition)[M]. Cambridge. MA: Blackwell Publishers, 2010.

[10] Mitchelstein E, Boczkowski P J. Tradition and Transformation in Online News Production and Consumption [M]. Oxford University Press, 2013.

[11] Yang G. The Co-Evolution of the Internet and Civil Society in China [J]. Asian Survey, 2003, 43(3): 405 - 422.

[12] Yang G. The Internet and Civil Society in China: A preliminary assessment [J]. Journal of Contemporary China, 2003,12(36): 453 - 475.

[13] Yang G, Calhoun C. Media, civil society, and the rise of a green public sphere in China [J]. China Information, 2007,21(2): 211 - 236.

[14] Zheng Y. Technological empowerment: the Internet, state, and society in China [M]. Stanford, CA: Stanford University Press, 2008.

[15] MacKinnon R. Network authoritariasm in China and beyond: Implications for global Internet freedom [C]. Stanford, CA: Stanford University, 2010.

[16] deLisle J, Goldstein A, Yang G. The Internet, social media, and a changing China [M]. Philadelphia: University of Pennsylvania Press, 2016.

[17] Zhang X, Zheng Y. China's information and communications technology revolution: Social changes and state responses [M]. London; New York: Routledge, 2009: 1 - 160.

[18] Yang G. The power of the Internet in China citizen activism online [M]. New York: Columbia University Press, 2009.

[19] Shirk S L. Changing Media, Changing China [M]. Oxford University Press, 2010.

[20] Shi Z, Yang G. New media empowerment and state-society relations in China [M]// deLisle J, Goldstein A, Yang G. The internet, social media, and a changing China. Philadelphia: University of Pennsylvania Press, 2016: 71 - 85.

[21] Pool I D S et al. Handbook of communication [M]. Chicago: Rand McNally College Publishing Company, 1973.

[22] CNNIC. Statistical Report on Internet Development in China [R]. China Internet Network Information Center, 2017: 144.

[23] 习近平. 习近平总书记在网络安全和信息化工作座谈会上的讲话[EB/OL]. (2016 - 06 - 25) [2016 - 12 - 23]. http://www. cac. gov. cn/2016-04/25/c_1118731366. htm.

[24] McLuhan M. Understanding media: the extensions of man [M]. London: Routledge, 2001.

[25] Stockmann D, Luo T. Which Social Media Facilitate Online Public Opinion in China? [J]. Problems of Post-Communism, 2017,64(3 - 4): 1 - 14.

[26] Lippmann W. Public opinion [M]. London: Allen & Unwin, 1922.

[27] Liu A P L. Mass politics in the People's Republic: state and society in contemporary China [J]. The China Journal, 1997(38): 173 - 175.

[28] Reilly J. Strong society, smart state: the rise of public opinion in China's Japan policy [M]. New York: Columbia University Press, 2012.

[29] Ye X, Li X. Internet newspapers' public forum and user involvement [M]// Li X. Internet newspapers: The making of a mainstream medium. Mahwah, New Jersey: Lawrence Erlbaum Associates, Publishers, 2013: 243 - 260.

[30] Hassan R. The information society: Cyber Dreams and Digital Nightmares [M]. Cambridge: Polity Press, 2008.

[31] Schneider S M. Expanding the public sphere through computer-mediated communication: Political discussion about abortion in a Usenet newsgroup [D]. MA: Massachusetts Institute of Technology 1997.

Notes

1.1 Data sources

For the Sina data, I approached those online news comments from the feature reports on the Tianjin Explosion Case from this link: http://roll.news.sina.com.cn/s_tjbhxqbz_all/index.shtml. For the Sohu data, I accessed the online news comments from this link http://news.sohu.com/s2015/tjbaozha/. I extracted the online news comments data from the Internet and reformatted to Excel version for further analysis. The reason to extract to Excel version is that it can clearly show each item of comment and those affiliated attributes. It is very convenient to exert different attributes' influence on if the discussion is about policy relevant topic.

1.2 The steps to reformat the data from online version to Excel version

I aim at reformatting online news comments from online version to Excel version for further analysis. The purpose to do that is that each row can represent one item of comment and each column can represent one attribute affiliated with the comment. Specifically, I followed the following steps to reformat my online news comments data from the online version to Excel version. Firstly, I copied and pasted the online news comments from Sina and Sohu to Word documents. For each item of online news comment, there are affiliated attributes of account name, location, content, date, time, functions of likes and replies. As the Excel software defaultly recognizes the signal comma as the separation for different columns and the signal tab as the separation for different rows. By using the find-and-replace function of the Word software, I identified the separation of different attributes affiliated with one item of comment and the separation of different items of comments.

After doing that, I replaced the affiliated attributes of one item of comment by using commas. I also replaced the separations of each comment by using the signal tab. The purpose of doing so is to reformat the online discussion data to Excel format for further analysis. In the final Excel data sheet, each row represents an item of comment and each column displays an attribute affiliated comments. For the final Excel data set, those comments from Sina and Sohu account for 121,088 rows and 97,470 rows respectively. This provides rich data to explore the potential of netizens to discuss public affairs and their value for policy reference. Both of these two data sets have six columns: account name, location, comment content, date, time and functions (including likes and shares). For the GIS visualization purpose, I also manually added two more columns with x axis column and y axis column based on the location attribute and the generated geocoding information provided by Google Maps API Geocoder Tool (https://developers.google.com/maps/documentation/geocoding/intro? hl=zh-cn).

1.3 The steps to generate sample

In the final Excel data sheets, I generated a random number for each item of comment by using

RAND function, then I sorted each row from the lowest to the highest according to the random number. Then I choose the top 500 rows of comments each from Sina and Sohu to generate random 500 items of comments. After generating random comments, I closely read the comment content of the two sample data sets. If the comment related to public affair topics including nation, country, government, rescue, investigation, environment and so on, I regarded it as public affair relevant. After that, I identified major key words relevant to public policy issues.

1.4 The way to identify policy relevant discussions

The second step is to apply those key words to the whole data set to identify policy relevant discussions. When I say policy relevant discussions, what I mean is those discussions containing key words, which I identified by reading the sample data. I used Excel's Conditional Formatting function to identify and highlight the policy relevant discussion cells. By doing so, I can separate them from normal discussions and arrange policy relevant comments into an independent file. In Sina, policy relevant data include 34,852 rows. There are 7,125 rows of data related to public affairs from Sohu. By applying those key words to the whole data set, I identified a large amount of public policy relevant discussions even though those identified discussions are not exhaustive of all of those policy relevant discussions.

1.5 The way to visualize the online discussion data on a China map

I geocoded the location attribute after identifying policy relevant discussions by using Google Maps API Geocoder Tool. For the GIS visualization purpose, I also manually added two more columns with x axis column and y axis column representing longitude and latitude respectively. Assisted by QGIS, I visualized the discussion related to public policy on a map of China.